NOTES
SUR LA
RÉGENCE DE TUNIS

OUVRAGES DU MÊME AUTEUR

Réflexions sur la colonisation en Algérie, broch. in-8°.
Conférences sur l'histoire de France, broch. in-8°.

NOTES

SUR LA

RÉGENCE DE TUNIS

PAR

P. SACCONE

Capitaine au 108ᵉ de ligne
Détaché aux affaires arabes

———

PARIS

CH. TANERA, ÉDITEUR

LIBRAIRIE POUR L'ART MILITAIRE, LES SCIENCES ET LES ARTS
Rue de Savoie, 6

—

1875

AU GÉNÉRAL DE LACROIX

Mon Général,

Permettez-moi de soumettre à votre indulgente appréciation et de placer sous votre haute protection le résumé d'un travail que j'ai entrepris à Tébessa pendant mes heures de loisir.

Comme vous m'avez d'abord engagé à cette étude et que vous m'y avez ensuite encouragé, il est tout naturel que je vous en offre aujourd'hui le résultat, si imparfait qu'il soit; l'amitié que vous avez toujours eue pour mon père, la bienveillance que vous m'avez constamment témoignée, à défaut d'autres titres, m'en feraient du reste un devoir.

Daignez donc, mon général, faire à mon modeste travail le même accueil bienveillant que vous aviez ici pour tous ceux qui se présentaient à vous ; ceux qui le liront ensuite seront ainsi plus indulgents pour les imperfections qu'il renferme.

Veuillez agréer, mon général, l'assurance de mes sentiments les plus respectueux et les plus dévoués.

P. ZACCONE.

PRÉFACE

Le travail que je livre aujourd'hui à la publicité n'a point la prétention d'être un ouvrage; c'est simplement le résumé de nombreux renseignements sévèrement contrôlés que je m'étais, dans le principe, amusé à réunir à Tébessa, pour charmer mes loisirs.

Attaché à un bureau arabe frontière, j'ai naturellement été appelé, par suite de mes fonctions spéciales, à m'occuper de la Régence dont les Indigènes fréquentent en grand nombre les marchés d'Algérie voisins de leur pays.

Tébessa, par sa position particulière, est naturellement le lieu d'échange où se rendent le plus volontiers les caravanes du Djerid, les gens de Sfax, les Arabes de l'intérieur de la

Tunisie, et, dans une certaine limite, même ceux de la Medjerdah et de l'O Miliana.

Il m'a donc été possible d'en interroger ainsi un grand nombre, de vérifier par leurs dires réciproques l'exactitude des premiers renseignements recueillis, et d'arriver par suite à une certaine certitude.

Je n'ai du reste livré à l'impression que ce que je crois vrai, et si certaines parties de mon travail sont prolixes de détails, c'est que je n'ai, dans cet ordre d'idées, voulu parler que de ce dont je suis presque absolument certain, n'ayant pas eu, par suite de changement de résidence, le temps de pouvoir tout compléter comme je l'aurais désiré.

Après en avoir lu l'histoire, j'ai étudié le pays sous différents points de vue : comme curiosités, je me suis occupé des nombreuses ruines qui le couvrent ; sous le rapport commercial, je me suis informé de ses productions, de ses marchés, de ses importations et de ses exportations, de son industrie et des impôts établis, de ses routes, de son administration ;

comme officier de bureau arabe, je me suis enquis de ses ordres religieux ; en qualité de militaire enfin, j'ai aimé à connaître aussi les forces de ce pays, ainsi que les diverses opinions politiques ou religieuses qui le peuvent diviser.

Je n'ai pas la prétention, n'ayant pu parcourir cette région, d'en connaître exactement tous les détails ; mais certaines relations que j'ai pu m'y créer, la complaisance avec laquelle les Indigènes ont bien voulu me répondre, et les rapports nombreux qu'il m'a été donné d'avoir avec eux, me permettent d'affirmer jusqu'à un certain point aujourd'hui la certitude de mes notes.

Ce sont de véritables notes en effet que les renseignements contenus ci-après, et que j'ai cru devoir, en quittant Tébessa, livrer à la publicité, pour faciliter, dans la mesure de mes moyens, la tâche de ceux qui voudront, dans la suite, s'occuper à leur tour d'un pays si intéressant, à quelque point de vue qu'on veuille, du reste, le considérer.

La Tunisie pouvant, sous le rapport géographique, se diviser, d'après sa configuration orographique, en quatre différentes parties, j'ai en conséquence partagé mon travail en divisions égales, ajoutant toutefois un dernier chapitre pour renseignements divers et faisant précéder le tout d'un léger aperçu historique et de la délimitation générale du pays.

Chaque partie comprend ainsi une description sommaire de la contrée qu'elle embrasse, les tribus qui s'y trouvent et les villes qu'elle renferme.

Le premier chapitre de chaque partie détaille donc la nature du sol, les montagnes qu'on y voit, les fleuves qui la parcourent et les lacs qui s'y trouvent.

Le deuxième traite des tribus, de leurs diverses aptitudes, des fractions qui les composent, de leurs forces militaires, de leur religion, de leurs soffs, de leur genre d'industrie ou de commerce et des marchés qu'elles fréquentent.

Le troisième comprend les villes, leur industrie, leurs soffs, leur religion.

Le dernier chapitre enfin résume d'une façon générale les routes, le commerce, l'industrie, l'armée, la religion, les lignes télégraphiques et les postes, le système monétaire en usage dans le pays, l'administration, les impôts, et, en dernier lieu, les agences consulaires des diverses puissances qui ont des représentants en Tunisie.

Une carte au 1/600000 termine ce travail.

Pour ceux qui, ne connaissant pas bien les ordres religieux des Arabes, seraient étonnés de certaines expressions, je crois devoir dire que l'on appelle Quadria les sectaires de l'ordre de Sidi Abdelkader el Djilali; Aissaouia ceux qui suivent les préceptes de Sidi M'ahmmed ben Aissa; Rahmania les Arabes de la secte de Sidi M'ahmmed ben Abderrahman; Tidjania les Indigènes pratiquant les principes religieux professés jadis par Sidi Ahmed Tidjani; et Sellamia les adeptes de Sidi Abdessellem ben Machich.

Les Chadoulia, Medania ou Darkaouia, Machichia, ne sont que des dérivations des Sellamia, comme dans le Djerid, du reste, l'ordre de Sidi bou Ali n'est également que celui de Sidi Abdelkader légèrement modifié.

Les Aouamria rentrent de même dans la grande famille des Aïssaouia.

Quant aux Hansala de Mouley Taïeb, très-nombreux dans le Maroc, ils n'ont pour ainsi dire en Tunisie aucun khouan.

Les expressions de Bachia et d'Hassinia, très-souvent employées aussi, pourraient également étonner encore ceux qui ne se sont point occupés de la Tunisie. Disons donc tout de suite que cette appellation qui désigne particulièrement les deux grands soffs de la Régence est une façon d'indiquer deux partis rivaux que l'on peut jusqu'à un certain point comparer, pour les opinions qu'ils professent à l'égard de la famille régnante, aux Orléanistes et Légitimistes de France.

Le bey actuel est du soff Hassinia et suit en religion les préceptes de Sidi Ahmed Tidjani.

Je ne saurais remercier ici tous ceux qui, de

près ou de loin, ont bien voulu m'aider de leurs conseils ou de leur expérience ; qu'il me soit permis toutefois de témoigner ma reconnaissance à M. Roy, notre agent consulaire au Kef, et à M. Bardol, capitaine au 63ᵉ de ligne, pour la gracieuse complaisance avec laquelle ils se sont mis tous deux à ma disposition, le premier pour des renseignements particuliers que sa position spéciale le mettait plus que tout autre à même de me donner, le second pour l'obligeance avec laquelle il a bien voulu travailler avec moi à ma carte de Tunisie.

Je dois déclarer, du reste, que cette carte a été dressée à l'aide de celles déjà parues sur la Régence, et que quelques indications particulières m'ont permis de modifier en certains points.

Les ouvrages de MM. Pellissier, Guérin et Cubisol m'ont également aidé dans mon travail : j'ai d'ailleurs emprunté aux deux premiers presque tous les détails relatifs aux ruines de la Régence dont j'ai pu souvent vérifier l'exactitude, sinon dans les détails, du moins sous le rapport du plus ou moins d'importance des localités qu'ils décrivent.

Mon aperçu historique est en outre un résumé de ce qui a paru il y a déjà quelque temps dans *l'Univers pittoresque*.

Tébessa, le 15 avril 1875.

NOTES
SUR LA
RÉGENCE DE TUNIS

APERÇU HISTORIQUE

La Tunisie actuelle comprend les deux anciennes provinces romaines de la Byzacène et de l'Afrique proprement dite.

Ce pays était jadis habité par diverses populations appartenant cependant à une seule et même race d'hommes que les Romains appelaient, vers l'est, les Nomades; à l'ouest, les Maures, et au sud, les Gétules, près du grand désert. Les Nomades, se partageant, formèrent bientôt deux empires distincts, celui des Masyliens, près de Carthage, et celui des Massessyliens, plus à l'ouest dans cette partie de l'Algérie qui constitue à peu près aujourd'hui la province dite de Constantine. Ils prennent dès lors dans l'histoire le nom de Numides.

À l'époque de la guerre de Troie, des marchands phéniciens fondèrent sur les côtes de la Tunisie actuelle des comptoirs connus sous le nom d'*emporia*, et dont les habitants prirent le titre de Libophéniciens. Carthage, quoique la dernière créée de toutes ces colonies, devint bientôt de beaucoup la plus importante ; habile, astucieuse, hardie, s'agrandissant par des conquêtes sagement menées ou des mariages adroitement conclus, elle englobe peu à peu, à l'est, les cités libo-phéniciennes ; à l'ouest, les villes métagonitiques, en même temps que, s'arrondissant d'autre part aux dépens des Numides, elle étendait en outre son autorité du tombeau des Philènes au milieu de la Grande Syrte jusqu'aux colonnes d'Hercule sur l'Océan.

Quant au territoire particulier de Carthage même, il comprenait, vers cette époque, à peu près toute la Zeugitane des Romains ou véritable Afrique.

Après la troisième guerre punique, ce pays devint, à l'exception des *emporia*, précédemment conquis par Massinissa, province proconsulaire, avec Utique pour chef-lieu, et conserva désormais le nom d'Afrique ancienne.

Quand Auguste rendit ensuite à Juba le royaume de ses pères dont il avait été auparavant dépossédé pour avoir servi Pompée, il adjoignit à l'Afrique ancienne ce que l'on appela dès lors la nouvelle, étendant en échange vers l'ouest par compensation le territoire de Juba. Il y eut donc désormais trois divisions principales : l'Afrique proprement dite, comprenant la Zeugitane ou ancienne Afrique, avec le dernier territoire conquis; la nouvelle Numidie, et la Byzacène, augmentée même quelque temps après de Tripoli, qui, sous la dénomination commune d'Afrique, formèrent ensuite une grande province commandée plus tard par un proconsul résidant à Carthage.

Caligula, par mesure de précaution, crut devoir séparer sous son règne l'administration civile de l'autorité militaire, et Dioclétien, à son tour, partagea la grande province en six autres plus petites. L'Afrique, en effet, prit part, comme le reste de l'empire, à toutes les dissensions intestines qui se produisirent et qui amenèrent même les Vandales, attirés, il est vrai, par la trahison du comte Boniface à s'en emparer sous la conduite de leur roi Genséric.

Vandales. — La domination de ces barbares, qui eurent le tort de se mêler aux violentes querelles religieuses qui passionnaient alors le pays, s'écroula peu après sous les coups des Romains d'Orient, auxquels se joignirent les catholiques d'Afrique, par haine contre les donatistes que soutenaient les Vandales.

Les Barbares disparurent alors presque totalement; mais l'empire romain de Constantinople s'affaiblissant de plus en plus, les empereurs de Byzance devinrent bientôt complétement impuissants à défendre leurs possessions lointaines ; les Perses d'abord, sous Khosroes, puis les Arabes, en 644, vinrent successivement piller l'Afrique.

Les Arabes. — Ces derniers, après des alternatives de revers et de succès, et cinq expéditions consécutives, soumirent enfin, en 670, sous la conduite d'Okbah, le pays à leur domination, et Kairouan, fondé par ce conquérant, devint la capitale religieuse et politique où résida le gouverneur envoyé par les kalifes, qui continuèrent ensuite peu à peu à étendre leur domination vers l'ouest.

Ils eurent, toutefois, à lutter assez longtemps contre les derniers Grecs restés en Afrique et les Berbères demeurés fidèles à leur cause, sous le commandement de la reine dite Kahina.

Les kalifes n'eurent plus ensuite que deux révoltes principales à étouffer, mais ils durent alors lutter contre l'esprit d'indépendance de leurs gouverneurs africains ; ils perdirent ainsi beaucoup de leur autorité, tout en restant, il est vrai, nominalement maîtres des provinces d'Afrique et en continuant même à y nommer, officiellement au moins, des gouverneurs qui s'imposaient d'ailleurs d'eux-mêmes.

Les Aglabites (800). — L'un d'eux, Ibrahim ben Aglab, s'affranchit même complétement de toute espèce de tutelle, et, se révoltant ouvertement, fonda, en l'an 800, la dynastie des Aglabites, qui, un siècle durant, sut se maintenir indépendante dans le royaume qu'elle s'était créé malgré les difficultés qu'elle éprouva pourtant au début.

Ils conquirent même la Sicile, qui resta entre

leurs mains, puis entre celles des Fatémites, leurs successeurs; toutefois, ceux-ci se la virent ensuite enlever par les Normands, que commandait Roger.

En l'an 903, un rebelle du nom d'Abdallah, ayant pris les armes contre eux, parvint à chasser les deux derniers princes de cette famille, et mit ainsi fin à leur dynastie. Néanmoins, il ne profita pas lui-même de son triomphe; battu à son tour et tué par Abou Mohamned Obeid Allah, celui-ci se fit proclamer à sa place et fonda ainsi, en 903, la dynastie fatémite.

Les Fatémites (903). — Cette puissante famille, trouvant bientôt son royaume trop étroit, alla presque aussitôt s'établir en Égypte, abandonnant ainsi ses possessions occidentales à la direction de gouverneurs particuliers de la famille des Zeyrites, nommés toutefois par les kalifes du Caire.

Les Zeyrites (960). — Le premier d'entre eux, Yousouf, reçut ainsi Tunis, Tripoli, la Sicile, et eut un règne heureux. Il fut néanmoins, ainsi que plus tard ses successeurs, obligé de soutenir diverses guerres tant à l'intérieur qu'à l'extérieur. Hassan, le dernier d'entre eux, dut même implorer le secours d'Abdel Moumen, fondateur des Almohades, qui établit ainsi cette dynastie à Tunis en remplacement de celle des Zeyrites qui avait duré deux cents ans.

Les Almohades (1160). — Ces princes résidant au Maroc, Tunis fut, sous leur domination, gouvernée par des délégués particuliers. Comme sous la dynastie précédente, les guerres et les insurrections furent nombreuses, jusqu'au jour où le gouverneur Abdel Ouhaid, de la famille des Beni Hafs, changeant à Tunis son titre de gouverneur en celui de roi, fonda, en 1206, la dernière dynastie qui porta ce titre, celle des Hafsides.

Les Hafsides (1206). — C'est sous l'un des princes de cette famille, Abou Abdallah, qu'eut lieu, sur l'excitation du roi de Sicile Charles d'Anjou, son frère, la fameuse expédition de saint Louis contre Tunis. Cette entreprise se termina à la mort du roi par un traité avantageux pour les chrétiens, conclu entre les musulmans et Philippe le Hardi.

La dynastie hafside continua ensuite de régner pendant plus de trois siècles, ayant comme ses prédécesseurs beaucoup de guerres et de luttes à soutenir. En 1533, un des derniers de ses princes, Mouley Mohammed, désigna pour lui succéder, au détriment de son fils aîné, un de ses autres enfants, Mouley Hassan, fils d'une de ses femmes favorites. Celui-ci, à peine parvenu au pouvoir, s'empressa de faire étrangler tous ses frères, à l'exception toutefois de Roschid, le plus jeune d'entre eux, qui parvint à s'enfuir à Alger, chez Khair ed Din.

Le corsaire turc se servit de ce prétexte pour venir, au nom de ce prince qui fut, du reste, jeté dans les prisons de Constantinople où il mourut, s'emparer, par ruse, de la ville de Tunis qu'il conserva ensuite par la force, au nom du sultan Soliman. Le roi dépossédé, ne trouvant aucun appui chez les Arabes des environs, s'adressa à l'empereur Charles-Quint qui, s'étant emparé de Tunis en 1535, après avoir battu Barberousse, le rétablit alors sur son trône et laissa à la Goulette une garnison espagnole. Chassé, puis rétabli de nouveau à la suite des expéditions chrétiennes de 1537 et 1539, Mouley Hassan était encore obligé en 1542 de venir en Sicile implorer l'assistance chrétienne.

Son fils, Hamida, ayant profité de son absence pour s'emparer du trône, Mauley Hassan, débarqué avec quelques forces seulement à la Goulette, dut d'abord attaquer son propre fils qui le battit et le fit même prisonnier. Il le laissa toutefois retourner en Sicile après lui avoir auparavant crevé les yeux, mais il fut lui-même à son tour, en 1570, chassé de Tunis par les Algériens, commandés par Outch Ali.

Philippe II envoya contre eux, en 1573, son frère don Juan d'Autriche, qui s'empara de Tunis sans coup férir et occupa ensuite par des garnisons les principaux forts de la côte. Mais l'année suivante le sultan Selim organisa l'expédition la plus importante qui ait jamais eu lieu et que couronna, du reste, le plus complet succès. Les chrétiens furent partout massacrés, Tunis définitivement soumise à l'Islam, et, la dynastie hafside disparaissant en même temps avec son dernier prince, Mouley Mohamned el Hafsi, l'an 1574, les Turcs s'emparèrent complétement alors de ce royaume qu'ils ont toujours conservé depuis.

Les Turcs (1574). — Pour administrer leur nouvelle conquête, les sultans de Constantinople établirent à Tunis, sous le titre de bey, un pacha que devait assister de ses conseils un divan composé des principaux officiers.

A la suite d'excès de la part de ce divan, les janissaires turcs se révoltent et en composent un nouveau dont le président, sous le titre de dey, fut en outre chargé de contre-balancer ainsi à l'avenir l'influence du pacha-bey.

De nouveaux excès, de la part du pacha cette fois, modifièrent encore la forme du gouvernement : son autorité fut scindée et partagée entre deux personnages différents portant, l'un le titre de pacha, l'autre celui de bey. Le pacha devait, de plus, être désormais changé tous les trois ans; par déférence, toutefois, pour la cour de Constantinople que l'on craignait, sa nomination était toujours laissée à la disposition du sultan qu'il ne faisait plus, du reste, que représenter simplement, pendant que le bey devenait, sous l'autorité du dey, le grand ministre des finances.

Mais ces beys ne tardèrent pas à acquérir dans le pays une grande position, et finirent même peu à peu par éloigner complétement le dey auquel ils ne laissèrent bientôt plus qu'une ombre d'autorité.

Les pachas, néanmoins, ayant aussi voulu reprendre à leur tour le pouvoir dont ils disposaient jadis, une nouvelle émeute s'ensuivit, et les pachas furent dès lors définitivement chassés.

On ne conserva plus désormais qu'un divan composé des principaux d'entre les janissaires qui élisaient ou destituaient, à leur gré, le bey, seule dignité maintenue, sans autre autorité, du reste, que celle que l'on voulait bien lui laisser.

Cinquante ans après, toutefois, les deux frères Ali et Mohamned Bey, ayant chassé le dernier bey élu, s'établirent à sa place et parvinrent à rendre le pouvoir héréditaire dans leur famille, qui fournit encore aujourd'hui à Tunis ses princes régnants. Le divan et le dey, actuellement appelé Daouetly, sont complétement dans sa main.

Les principaux événements qui se sont passés sous cette dynastie furent la querelle des Hassinia et des Bachia, commencée au début du siècle dernier, sous le règne d'Hassan ben Ali, et qui eut pour cause la naissance d'héritiers tardifs qui vinrent ainsi enlever la couronne promise à son neveu, Ali Bacha.

En 1770 eut lieu une guerre avec la France à propos de quelques navires corses capturés et de la pêche du corail interdite à nos gens. Porto Farina, Bizerte et Monestir furent bombardés, puis la paix signée par l'intermédiaire d'un envoyé du sultan.

Trente ans plus tard, en 1800, sous le règne d'Hamouda Pacha, ce prince, après avoir triomphé d'un compétiteur que lui suscitèrent les Algériens, signa de nouveau avec la France un traité de paix définitif.

Hamouda Pacha ayant, plus tard, voulu peu à peu arriver à se débarrasser des Turcs, soulera une violente émeute des milices qu'il écrasa, du reste, complétement.

Sidi Ahmed Bey Pacha, un de ses successeurs, montra ensuite pour la France et sa civilisation une prédilection marquée. C'est lui qui fit élever, au milieu des ruines de Carthage, la chapelle commémorative de Saint-Louis, en même temps qu'il autorisait la création d'un collége européen à Tunis. En 1845 les princes d'Orléans vinrent le visiter, et lui-même se rendit en France en 1846.

Sous Sadak Bey, un de ses successeurs, actuellement prince régnant, éclata, en 1864, une formidable insurrection. Un nommé Ali ben Ghdaoun, fils, du reste, d'un ancien rebelle, mais se disant cherif, entraîna les tribus révoltées jusqu'aux portes de Tunis, où les troupes régulières les mirent en complète déroute. Ali ben Ghdaoun, qui s'était enfui en Algérie, y fut arrêté et livré au bey, qui le fit mourir en prison, empoisonné, dit-on.

Enfin, en 1867, la Tunisie fut, comme l'Algérie, éprouvée par une terrible famine dont les traces ne sont point encore complétement effacées aujourd'hui.

LIMITES DE LA RÉGENCE

La Tunisie, située au nord de l'Afrique, entre l'Algérie, la province de Tripoli et la mer, présente une superficie d'environ 5,000 lieues carrées, qu'habitent 1,800,000 habitants seulement. Par son système orographique, la Tunisie présente quatre parties distinctes, que nous examinerons successivement après avoir parcouru ses côtes. Sur celles-ci, en allant du cap Roux à Ras el Mahleb (frontière de Tripoli), on rencontre la petite île de Tabarka, presque vis-à-vis l'embouchure de l'O el Kebir ou O Zaine; les îles Sorelle et Galitte, plus au nord en mer; puis l'O Zouara sur terre, les caps Negro et Serrat, importants tous deux à cause de la grande quantité de corail que l'on y pêche.

On trouve ensuite, en continuant vers l'est, à une faible distance de la côte, les îles Fratelli et, sur le continent, les caps de Ras el Dakkara, Ras el Koroun et Ras el Abiod ou cap Blanc, jadis *promontorium candidum;* le cap et la ville de Bizerte, bon port de mer situé au fond d'un golfe du même nom que ferment d'une part le cap Blanc à l'ouest et de l'autre le cap Zbib *(promontorium pulchrum)* à l'est. Dans ce golfe existe en mer, au nord de Bizerte, un banc dit du Boberach, assez dangereux surtout pour les bâtiments qui viennent de l'ouest.

Vis-à-vis du cap Zbib est en mer, sur la petite île du Chien, un phare à feu fixe.

Entre cette île et le banc d'Esquerquis, situé plus au nord, se trouve le canal de ce nom.

Le cap el Mekki *(promontorium Apollinis)* apparaît ensuite. Sa pointe ferme à l'ouest le golfe de Tunis; à sa gauche et à sa droite sont les deux roches qui constituent les îles Pilan et Plane.

Puis viennent successivement le golfe de Ghar el Melha ou Porto Farina, l'embouchure de la Medjerdah, le cap Kamart, le cap Carthage, à la pointe duquel a été construit un phare à feu tournant; la Goulette, l'embouchure de la Miliana, le village d'Hammam el Enf, l'embouchure de l'O Defla, celle de l'O Bezirkh, le village d'Hammam Gourbos et Ras el Portas. Entre ce cap et celui de Carthage est la baie proprement dite de Tunis.

Viennent ensuite le cap de Bridja, les deux embouchures de l'O Ahil et de l'O Zaouia, puis l'île de la Tonara, où se pêche, d'avril en juillet, une quantité considérable de thons. Enfin apparaissent les caps el Ahmar et Ras Addar ou cap Bon *(promontorium Mercurii)*.

A quelque distance à l'ouest de ces deux caps sont les îles de Djamour el Kebir *(Zembra)* et Djamour es Sghir *(Zembretta)*. Les montagnes qui composent seules pour ainsi dire Djamour el Kebir sont remplies de lapins.

Du cap Roux au cap Bon, la côte est généralement, excepté en certaines parties du golfe de Tunis, bordée de hautes falaises qui se continuent même ensuite jusqu'auprès de Kelibia.

Du cap Bon au sud, on rencontre successivement le cap de Ras el Melah, près d'une sebkha, au nord de Kelibia *(Clypea)*; la ville de ce nom, celle de Menzel Temine, Kourba *(Curubis)*, le lac Mamoura, Nebeul *(Neapolis)* et Hammamet, où commence le golfe de ce nom (jadis *sinus Neapolitanus*), dont Monestir *(Ruspina)* ferme plus bas l'autre extrémité.

On trouve les embouchures de l'O el Abiod, l'O el Oudien, l'O Chaib, l'O Kourba et l'O Daroufla dans la presqu'île de Dakhelet el Mahouin; dans le golfe d'Hammamet, celles de l'O Defla, l'O el Assoued, l'O Temoued, l'O Chetioui, l'O Fekka, l'O Laya, l'O el Agarib, et les villes d'Herglea *(Horrea Cælia)*, Soussa *(Hadrumète)* et Monestir.

Vis-à-vis cette dernière sont trois petites îles dont la principale est celle de Sidi el Ghdamsi, où existe un établissement pour la pêche au thon. Les deux autres prennent le nom, l'une d'el Oustania, qui indique sa position intermédiaire entre ses deux voisines, et l'autre d'el Hammam, à cause des nombreux pigeons que l'on y trouve.

La côte est basse, surtout entre Hammamet et Herglea; aussi a-t-elle tous ses bords couverts de sebkha plus ou moins remplies d'eau. A quelque distance, on trouve en mer les bancs de Kourba, de Mamoura et de Nabel, vis-à-vis les villes de ce nom.

De Monestir à Ras Dimas *(Thapsus)* est le golfe de Monestir, où se trouve la petite île très-cultivée d'el Enf, et un peu plus loin celles de Conigliera et Kouriatin (jadis *Turichæ*).

On trouve plus bas l'embouchure de l'O el Melah, les caps de Mahadia et de Selecta (*Syllectum*), l'O Chabbah, Ras Capoudia et l'importante ville de Sfax (*Tuphrura*).

Vis-à-vis celle-ci sont les deux basses îles de Karkennah (Chargui et Gharbi, jadis *Cercina* et *Cercinatis*), séparées l'une de l'autre par un petit bras de mer d'environ 800 mètres, sur lequel les Romains avaient jadis jeté un pont dont les piles, en certains points, sont encore visibles aujourd'hui. Elles sont à environ 8 lieues des côtes et entourées de beaucoup de bas-fonds.

Les villages que l'on trouve dans la plus grande de ces îles sont composés de maisons assez espacées les unes des autres; ce sont ceux des O Bou Ali, de Ramla, d'el Kellabin, d'el Ataia, des O Yanak, de Chargui, d'Abbes, des O Kassem et d'el Mellita; ils sont généralement de l'ordre religieux des Quadria et ont d'ordinaire leur cheick distinct.

L'île Gharbi n'a au contraire qu'un seul village; elle est, du reste, de beaucoup la plus petite des deux.

Les gens de Karkennah, pêcheurs de poissons, de poulpes et d'éponges qu'ils expédient ensuite à Sfax ou en Grèce, se livrent en outre au travail des objets de jonc et d'alfa. Leur pays n'ayant que des puits et point d'eau courante est néanmoins bien cultivé. Ce territoire, très-fertile d'ailleurs, produit entre autres fruits de très-beaux raisins, puis des olives et quelques céréales. Ses palmiers, de médiocre qualité comme à Sfax, ne sont généralement utilisés qu'au point de vue de la sève que l'on en extrait pour boisson.

Chacune de ces deux îles a, en outre, une sebkha salée, sur l'une desquelles sont encore visibles, dans l'île Chargui, les traces d'une ancienne chaussée romaine.

Karkennah était jadis un lieu d'internement destiné aux femmes adultères ou aux filles publiques ayant commis quelque coupable action; mais cette coutume commence à ne plus être observée de nos jours.

Au point de vue historique, c'est là que s'embarqua jadis le grand Annibal dans sa fuite en Orient. Marius, fugitif, y trouva aussi plus tard un abri momentané.

Karkennah, autrefois, eut de plus un évêché.

La côte, toujours basse, s'enfonce ensuite peu à peu vers l'ouest pour former le golfe de Gabès (*syrtis Minor*), dans lequel la marée, peu appréciable généralement dans la Méditerranée, se fait sentir ici d'une façon notable.

Les points principaux sur le golfe de Gabès sont ceux de Mahres et de Gabes (*Tacape*); les rivières qu'il convient de citer sont l'O Sidi Salah et l'O Cheffar entre Sfax et Mahres, l'O Sidi Mahddeb au sud de cette dernière ville, l'Oued mta el Oumouissa, l'O Sghir ou O Rann, l'O Bou Said, l'O el Greroum, puis, dans le pays de l'Arad, les ruisseaux d'el Akarit, Torf el ma, Erdiss, O Melah, la rivière de Gabès, l'O Serrak, l'O Bou Zerkin et l'O Medjessar.

Un peu avant et vis-à-vis l'O Sghir, existent dans le golfe deux petites îles insignifiantes.

A l'extrémité de l'Arad, la côte se relève et, affectant la forme d'un croissant, forme ainsi un golfe que ferme, du côté de la mer, la grande île de Djerbah.

Celle-ci, jadis *Meninx* ou *Lotophagitis*, est une île bien cultivée, d'un terrain analogue à celui de Karkennah, généralement plate, parsemée seulement de quelques faibles collines, mais sans aucune eau courante et n'ayant d'autres ressources que l'eau de pluie ou de citernes. Dans ses jardins croissent toutes sortes d'arbres fruitiers, des oliviers, des dattiers, de mauvaise qualité il est vrai, et enfin le fameux lotus. Est-ce bien le lotus de l'antiquité, ce fruit si agréable que prisèrent tant jadis les compagnons d'Ulysse? On ne le sait au juste; mais, en tous cas, les quelques Européens et Israélites qui habitent aujourd'hui Djerbah commencent à le remplacer avantageusement par le jus de la vigne qu'ils y cultivent, et dont ils tirent actuellement un vin jaune doré, fort agréable à boire, et qui ne peut, du reste, que s'améliorer dans la suite.

Les habitants, au nombre de 26,000, sont tisserands ou pêcheurs; ils font des couvertures ou des tissus en laine, soie et coton très-renommés. Originaires du Mzab, ils en suivent encore aujourd'hui les principes religieux, bien qu'une certaine chronique locale tende cependant à les faire descendre des anciens Vandales. Ils sont, du reste, d'un caractère bien doux, très-affables et fort polis. Leurs habitations sont généralement disséminées au milieu de superbes vergers qui donnent au pays un aspect des plus agréables.

Ils font un très-grand commerce d'une huile réputée la meilleure de la Régence, et fabriquent même, pour tous les pays de Tunisie qui cultivent l'olivier, de très-grandes jarres destinées à contenir ses produits.

Ils pêchent également un grand nombre de poulpes, d'éponges et de poissons, dont une partie est salée pour l'exportation.

Les centres principaux sont ceux d'Haoumet Souk ou Souk el Kebir, où se tient, deux fois par semaine, un important marché. Il renferme plusieurs quartiers, deux mosquées, de vastes fondouks et un bazar couvert. Le quartier des Juifs, connu sous le nom d'el Hara, en est distant d'un petit kilomètre. Bordj el Kebir est à côté; c'est, à vrai dire, le seul mouillage de Djerbah; encore, par suite des bas-fonds, les navires ne peuvent-ils en approcher qu'à une distance de 5 milles.

Viennent ensuite Haoumet Cedrien et Haoumet Cedouikhes.

L'entrée du détroit qui sépare l'île de la terre ferme est fort basse, bien qu'il y ait toutefois assez d'eau à l'intérieur.

Le bordj d'el Mersa à l'ouest, le fort de Tabella au milieu, celui d'el Kantera auprès des ruines de l'antique Meninx, et ceux d'el Bab et de Trik el Djemel, à l'ouest tous les trois, en défendent les passes. Une ancienne chaussée romaine, coupée au milieu pour le passage des barques, en barre du reste également l'entrée de ce côté.

Bordj Castil, Bordj el Harir et Bordj Djelib défendent, avec Bordj el Kebir, vers la haute mer les approches de l'île.

Djerbah, habitée par des gens de dix fractions différentes, est encore couverte de ruines considérables. Au point de vue historique, elle fut, au XIIe siècle, conquise par Roger de Loria, qui en fit, avec les Iles Karkennah, une petite principauté indépendante pour lui et sa famille. Le principal souvenir qui toutefois s'y rattache est, vers le milieu du XVIe siècle, la belle défense des Espagnols dans Bordj el Kebir, où ils se firent tous tuer jusqu'au dernier plutôt que de se rendre. L'ossuaire élevé jadis par les musulmans pour perpétuer le souvenir de leur victoire a été depuis peu démoli.

Djerbah est actuellement un lieu d'internement.

Dans le golfe situé vis-à-vis cette île se jette l'O Semar à travers un rivage bordé de hautes falaises.

La côte continue ensuite vers le sud-ouest; on y voit Zerziss (*Gergis*) et le fort des Bibans avec le golfe du même nom.

Ras el Mahleb est le dernier point à citer après ; il constitue la limite extrême entre Tunis et Tripoli.

Tels sont les principaux points des rives tunisiennes ; nous allons maintenant examiner sur terre sa frontière ouest et sud, avec notre colonie d'Afrique et le beylik de Tripoli.

La limite entre la Tunisie et nos possessions algériennes commence au cap Roux, entre le Bordj Segleb et la rivière de Tabarka, qu'elle coupe du reste un peu plus loin sous le nom d'O Djennan ; puis, en allant du nord au sud, elle passe successivement par Ras Mosket, Fedj Kahla, Kef Chob, Aïn Smaïl et le Dj Adissa (891 mètres).

Elle continue plus loin par le Dj Tagma (746 mètres), le Dj Hourd (1,025 mètres), le Dj Ghorra (1,200 mètres), le Dj Dyr, le Dj Bou Hamera et Fedj Karouba.

En ce point finit de notre côté le cercle de la Calle et apparaît celui de Souk Arrhas, dont la limite avec la Tunisie, commençant après Fedj Karouba au Guern Aicha, passe ensuite successivement par le Dj Addeb, Dj Guelche, Dj Frina, Fedj el Gontas, Fedj Mrahou et le Dj Hamri. Elle coupe la Medjerdah entre le Dj Guelcho et le Dj Frina.

La frontière, ouverte en ce point sur une certaine étendue, a pour limite la petite rivière d'Ain Sidi Youssef, qui porte plus au sud le nom d'O Zmail. Viennent ensuite le Dj Echbelt, le Dj Harraba et l'Enchir el Hadja ; ce dernier point frontière appartient tout à la fois au cercle de Souk Arrhas et à celui de Tébessa (Algérie).

De cet enchir, la limite de la Tunisie avec le cercle de Tébessa suit d'abord quelques instants l'O Mellègue, puis l'O Horreir, un de ses affluents, et coupe un peu plus loin le Dj Bou Djaber. Elle passe après par le Dj Rebaia, Fedj Youcef, la forêt de Barika, le Khanguet el Mouhad, les collines de Barika et le Dj Djebissa, Bir Tamar ou Zit, la qobba de Sidi Dahar, Ain Boudries, Henchir Goussa, Foum Tamesmeda, les collines de Bir Oum Ali, le Dj et le Khanguet Safsaf, les Dj Zerga et en Negueb, le Khanguet Oum en Naï, el Haouch, Mezzazi el Rerza, le Chott et Aglet Khellat.

Une ligne mal définie, qui s'étend ensuite vers l'est jusqu'à Ras el Mahleb, sépare alors à partir de ce point la Tunisie des Troud et de Tripoli.

PREMIÈRE PARTIE

CHAPITRE PREMIER
DESCRIPTION GÉNÉRALE

La première partie, située au nord de la Régence, est d'ordinaire désignée sous le nom générique de Mogod. Elle est bornée à l'ouest par l'Algérie, au nord par la mer, puis au sud et à l'est par la chaîne du petit Atlas qui, sous les noms successifs de Dj Adissa (point frontière, 891 mètres de haut), Dj Balta, Dj ben Dra (le plus élevé de toute la chaîne), Dj Monchar, Dj Heidouz, Dj Ansarin, Dj Maicera, Sakkak, Dekaouina, Dj Kechbata, Dj Delber et Dj Remeul, s'étend jusqu'au cap Zbib, entre Bizerte et Porto-Farina.

Ce pays, couvert de montagnes, est, si je puis

m'exprimer ainsi, la Kabylie tunisienne. Il renferme de très-belles forêts, même de haute futaie, dont l'exploitation serait en certains points facile et très-avantageuse. Le chêne, le chêne-liége y sont en grand nombre, et le sol renferme en outre une certaine quantité de minerais, surtout de fer et de plomb.

Les principaux fleuves de cette contrée qui se jettent dans la mer sont : l'O el Kebir ou O Zaine, qui vient du Dj Balta et reçoit près de son embouchure l'O Tsammache, puis l'O Zouara qui, sous le nom d'O Zeuna, sort du Dj Bouguerine.

Il existe dans ce pays trois lacs importants, ceux de Céjenan, d'Echkeul et de Bizerte, ces deux derniers réunis par l'O Tindja.

Le premier reçoit l'O Céjenan, petite rivière qui vient du Dj bou Jered, et le deuxième, l'O Djoumin, qui sort du Dj Smadah et arrose Mater. Cette rivière reçoit sur sa droite l'O Tin qui descend du Dj Ben Dra sous le nom d'O Jarrou.

CHAPITRE II

TRIBUS

Les tribus occupant le nord de la Tunisie sont : à l'est, les Hezil et les Makna, commandés les uns et les autres par un cheick particulier relevant du caïd de Mater ; au centre, le Mogod, administré par un caïd spécial dépendant toutefois, comme les cheicks précités, de celui de Mater ; un peu à l'ouest, au nord de Baja, et relevant de ce commandement, les Nefza, sous la direction particulière d'un cheick distinct ; puis tout à fait à l'ouest enfin et près de notre frontière algérienne, les Khomir, population sauvage et presque indépendante, la plus rude de toute cette contrée.

Hezil. — Les Hezil se subdivisent en Chenana, O Salem, Ghezeza, Coubria, Ounansa, Athaia, Hezli et O Ahmed. Ils possèdent 500 fusils et 25 chevaux de selle.

Makna. — Les Makna, cheick Salah ben Mohammed, se composent des Beni Ourgha, Hassaïnia, Touadjnia, Hababsa, Chtatia et Chethaia. Ils ont 20 chevaux de selle et 400 fusils.

Mogod. — Le Mogod, sous la direction particulière du caïd Ennedjar, comprend les Chabna, O Amara, Hakara, O el Meï, Mecharqua, Meracen, Djemiat, Dhouaouda et O Saidan. On compte chez eux 200 chevaux et une force de 1,000 fusils.

Nefza. — Les Nefza, cheick Mohammed Salah el Atreuch, se divisent en O Saïdan, Zouara, O Salem, O Ahmed, Mesatria, O Beni Cabia, Ourahmia, Hababa, Belah, Thebouba, Ouchtata. Il existe chez eux 300 chevaux de selle et 200 fusils.

Khomir. — Enfin les Khomir, établis tout à l'ouest de cette contrée, constituent une forte tribu comprenant un grand nombre de fractions. Ce sont les Gouidia, O Ali ben Nacer, Seloul, Khericia, Tebininia, Athathfa, O Ameur, Houmdia, O Beni Saïd, Beni Sedra, Debabsa, Saïdria, Mendjlia, Boukria, Hamran, Rekhisia, Haoamed, Ounifa, O Hallel, Açma, Khemiria et O Ariah.

Ils n'ont que 4 ou 5 chevaux de selle, mais possèdent 7,000 fusils, ainsi qu'il résulte d'une évaluation officielle faite en 1873, à la suite d'un différend survenu entre eux et les Chiaheiah, leurs voisins.

Ils sont commandés par un caïd particulier, et relèvent directement de Tunis.

CHAPITRE III

VILLES

De Ras el Djebel, en suivant la côte de l'est à l'ouest, on traverse un assez joli pays tout mamelonné et couvert de bois d'oliviers; on y rencontre plusieurs bourgs : El Alia d'abord, l'ancienne *Cotuza*; Beniata, Metelin, non loin du cap Zbih, dans les parages duquel se trouve une certaine quantité de thons, puis le joli bourg de Menzel el Djemil.

Bizerte, l'ancienne colonie d'*Hippo Zaritus*, a été construite dans une position admirablement choisie. Elle a la forme d'un triangle et est entourée d'un mur d'enceinte assez bon, percé de quatre portes. Les forts se flanquent suffisamment et sont dans un état convenable. Sa casbah se trouve du côté de la mer.

Deux canaux formant ainsi une ile dans laquelle habitent les Européens, mais se réunissant ensuite en un seul bras, mettent en communication avec la mer le lac situé au sud de Bizerte; deux môles se dressent sur la Méditerranée à l'entrée de ce canal, qui est d'ailleurs le port même de la ville.

Il est assez profond en bien des points, mais l'entrée ne peut guère donner passage aujourd'hui qu'à de légers bateaux. Avec des travaux peu coûteux, dit-on, il serait facile de faire de Bizerte un excellent port. Sa rade, défendue par deux batteries basses et un fort, est dangereuse toutefois par les vents du nord et du nord-est. On pêche dans ce golfe le corail à l'époque de la belle saison.

Jadis la ville était réputée pour son commerce de céréales, les huiles et les laines qu'elle exportait en grande quantité; mais tout cela a depuis bien diminué aujourd'hui, et Bizerte, habitée en grande partie par des Maures d'Espagne, ne renferme plus actuellement qu'une population d'à peu près 5,000 âmes du soff Bachia.

Les environs en sont charmants et couverts de nombreux jardins et vergers dont les fruits et les légumes vont approvisionner Tunis. Le lac, bien pourvu, fournit également de très-beaux poissons; cette pêcherie rapporte même au gouvernement, qui l'afferme chaque année, un assez beau revenu.

Il existe des courants constants entre le lac et la mer, suivant le plus ou moins d'eau que renferme ce bassin à l'époque des pluies, ou eu égard à celle qu'il perd à d'autres moments par l'évaporation.

Un canal naturel, l'O Tinja, auprès duquel est un hameau du même nom, met ce premier lac en communication avec un autre connu sous le nom de Garaat el Echkeul, et en grande partie couvert sur ses bords de gigantesques lauriers-roses. Les montagnes d'El Echkeul, jadis mont *Kirna*, au sud de ce dernier, renferment une grande quantité de buffles.

Ces deux lacs portaient jadis les noms d'*Hipponis* et de *Sisara*.

Dans les environs de Bizerte, au nord des lacs, existent la Zaouïa de Sidi Abdel Ouad, dans une délicieuse vallée, et celle de Sidi Mansour Daouadi, jadis *Hisita*, à côté de laquelle se voient encore d'anciennes carrières.

Au sud du lac El Echkeul est Mater (*oppidum Materense*), dont il porte parfois aussi le nom.

Cette petite ville, d'agréable aspect, s'élève sur une colline à gauche de l'O Djoumin, qui arrose ses jardins; elle n'a plus aujourd'hui l'ancien mur d'enceinte qui la protégeait jadis.

Son caïd, généralement à Tunis, est d'ordinaire remplacé par un khelifa désigné à cet effet, car il n'y a à Mater aucun cheick investi.

La ville se partage cependant en trois quartiers distincts : Haoumet Ennalia, Haoumet el Koucha, et Haoumet el Naguebi.

L'ordre des Aïssaouïa est le plus fréquenté par les gens du pays qui sont du soff Bachia, et forment une population qui compte tout au plus 2,000 âmes.

Mater fait un grand commerce de bestiaux, grâce à la fertilité de son territoire et à la quantité d'eau et de bois que l'on y trouve (avantages précieux pour l'élevage des troupeaux).

A environ un kilomètre de la ville est la Zaouia de Sidi Abdallah ben Fechta, de l'ordre des Rahmania.

Il convient de signaler aussi un village du nom de Tchent, situé dans la montagne, un peu à droite de la route de Mater à Baja, bien que les soixante mauvais gourbis qui le composent n'offrent pas en réalité un bien grand intérêt. On trouve toutefois une certaine quantité de ruines romaines dans ces montagnes, aujourd'hui habitées par de sauvages indigènes.

Terminons en disant que tout à fait à l'est de cette contrée, vis-à-vis la petite île de Tabarka, a été construit un fort connu sous le nom de Bordj Jdid, et destiné à remplacer le vieux château qu'on y avait jadis élevé.

DEUXIÈME PARTIE

CHAPITRE PREMIER

DESCRIPTION GÉNÉRALE

La deuxième partie comprend les bassins de l'O Medjerdah et de l'O Miliana, ainsi que le côté septentrional de la presqu'île de Dakhelet el Mahouin jusqu'au cap Bon.

Elle est limitée au nord par la chaîne du petit Atlas dont nous venons de parler et la mer, à l'ouest par l'Algérie, au sud et à l'est par une série de montagnes qui s'étendent d'Haïdra près la frontière algérienne au cap Bon à l'est, et dont le point central est le Dj Hamada.

Elles portent successivement de l'ouest à l'est les noms de Dj el Aamba, Dj Guelea, Dj el

Hanèche, Dj Rouhia, Dj Hamada, Dj Zilk, Dj Serdj, Dj Barkou, Dj Souk el Arba, Dj Djougar, Dj Koheul, Dj Zaghouan (1343), Dj Zid, Dj Djedidi, Dj Traf, Dj Sidi Abdesselem, Dj Heufrah, Dj Hamil. Les quelques petites collines qui viennent ensuite prennent généralement jusqu'au pic du cap Bon (haut de 393 mètres) le nom des localités qu'elles traversent.

Ces montagnes de la presqu'île n'ont d'ailleurs en moyenne qu'une élévation d'environ 300 mètres.

Cette partie de la Régence, connue aujourd'hui sous le nom particulier de Friguia, est incontestablement la plus fertile de toute la Tunisie : on y récolte beaucoup d'orge ou de blé, et dans la presqu'île d'El Mahouin du maïs et du drah.

Elle est du reste sillonnée par un grand nombre de cours d'eau, et les nombreuses ruines romaines que l'on rencontre en tous lieux rappellent également la richesse passée du pays que sa fertilité proverbiale avait jadis fait surnommer le grenier de Rome. Cette contrée est loin toutefois d'être aujourd'hui cultivée comme elle l'était jadis.

Les montagnes sont généralement couvertes de substances résineuses, et à l'ouest, du côté de l'O

Khaled et du Kef, elles présentent même parfois un certain caractère volcanique très-marqué.

Les principaux fleuves de cette contrée sont :

1° L'O Medjerdah, qui vient de l'Algérie, et reçoit à gauche l'O Ghraghrai, l'O Hertema, l'O Boul ; à droite l'O Meliz, l'O Mellègue grossi par l'O Annègue et l'O Mellel à gauche, l'O Horreir, l'O Gorbeuch et l'O Koheul à droite. La Medjerdah reçoit ensuite l'O Khaled, augmenté à gauche de l'O Zanfour et de l'O Tessa, puis l'O Siliana. Dans ce dernier affluent se jettent à gauche l'O Senouber, l'O Djiama, l'O Massouge et l'O el Hama, à droite l'O Rouba.

2° L'O Miliana, qui sous le nom d'O el Kebir sort du Dj Barkou, ne possède aucun affluent qui mérite d'être particulièrement cité.

Ces deux rivières sont suffisamment pourvues d'eau en toute saison.

Il convient encore d'indiquer après elles, en suivant la côte, les petits cours d'eau ou torrents de Dakhelet el Mahouin, aux bords généralement couverts de lauriers-roses, et dont les principaux sont :

L'O Defla,

L'O Bezikh,

L'O el Abil,

Et l'O Zaouia.

Enfin il existe trois lacs dans cette deuxième partie : la Sebkha el Rouan au nord-ouest des ruines de Carthage, la Sebkha el Sedjoumi au sud de Tunis, et celle d'el Koursia à l'ouest du Dj Jaffa et au nord de Fahs er Riah.

CHAPITRE II

TRIBUS

§ 1ᵉʳ. OUENNIFA ET OUARTAN

Les tribus que nous allons d'abord examiner dans l'ouest de ce pays, aux alentours du Kef, constituent par leur ensemble une réunion de plus de 1,400 tentes que l'on désigne sous le nom particulier d'Ouennifa.

Toutes du soff Bachia et très-unies entre elles, elles appartiennent généralement aux trois ordres religieux des Rahmania, Quadria et Aissaouia, dont les principaux représentants en ce pays sont Si Ali ben Aissa pour les Rahmania, Mohammed ben Amor el Mizouni pour les Quadria et Hadj Abdallah ben el Guizouni pour les Aissaouia.

Ces populations, qui dépendent du commandement du Kef, sont : les Zegbalma, O Bon Ghanem,

Khememsa et Doufan, Charen, Ouargha, O Yacoub, Touaba et Gouazin.

Zeghalma. — Cette tribu est gouvernée par un caïd ayant sous ses ordres sept cheicks investis, placés à la tête des sept principales fractions qui se décomposent encore entre elles en plusieurs subdivisions.

Ce sont :

O Cheick	Es Saidia, O el Ghemerdi, El Touansia;	
O Messaoud (3 cheicks)	O Lasmar, O el Haïdri, O Athia	1 cheick,
	O Gherib,	1 cheick,
	O Djerada,	1 cheick;
O Khalfa	O Dekhil;	
El Amadna	Ghedairia;	
O Aoun Allah	Araba, O Mlik, O Saiah, O Salah;	

El Mahmid (pas de cheick, un kebir seulement).
Les Zeghalma, du soff Hassinia, peuvent mettre

sur pied une force d'environ 285 fusils et près de 100 cavaliers.

Ils suivent les deux ordres religieux de Sidi Abdelkader et Sidi Abderrahman.

Commerçants et agriculteurs, les Zeghalma, campés sur les deux rives de l'O Serrat, vont aux marchés de Zouarin, du Kef, de Souk-Arrhas et même de Tébessa vendre leurs bœufs, leurs moutons, du miel, du beurre et quelques céréales.

Quand ils viennent sur les marchés algériens, ils nous prennent en échange de leurs produits des épices et des tissus.

Ce pays comptait autrefois avant la famine de 1867 une certaine quantité de villages aujourd'hui complétement disparus.

O Bou Ghanem. — Cette tribu frontière, établie sur la rive droite de l'O Horreir et sur l'O Serrat, dans un très-fertile territoire, est gouvernée par un caïd ayant sous sa direction plusieurs cheicks distincts.

Les grandes fractions sont les :

Djellala,

O Athman,

O Mansour,

Adjarda,
Beladia,
Zererma,
Gherairia,
O Ahmed,
O Amor ben Salem,
O Aouedi,
Souhiin.

On les comprend de plus, suivant le cas, sous les dénominations de Dahara et de Guebela, par lesquelles on désigne ainsi plus spécialement leur emplacement particulier dans le pays.

Les O Bou Ghanem, forts d'environ 200 tentes, peuvent monter un goum d'à peu près 150 cavaliers; ils sont du soff Hassinia.

Une partie de la tribu observe les préceptes religieux de Sidi Abdelkader; les autres, au contraire, sont Rahmania. A part quelques mokaddems répandus dans certaines fractions, les principaux chefs religieux sont au Kef.

Ils fréquentent spécialement le marché de cette ville, ceux de Calaa et des Djendouba. Ils y vendent des bœufs, des moutons, des flidjs, des reraras et quelques burnous grossiers.

Cette tribu est une ramification des Amamra, de Batna (Algérie).

Khememsa et Doufan. — Ces deux petites tribus réunies n'ont qu'un seul caïd, ayant neuf cheicks sous ses ordres, quatre aux Khememsa et cinq aux Doufan.

Khememsa. — Les Khememsa sont formés par les :

Ouacheria et O Sliman, 1 cheick ;
Tdjadjta, 1 cheick ;
O Ali, 1 cheick ;
O Abdelnour
O Abid
O Brahim } 1 cheick ;
Beni-M'Ahmmed

se subdivisant chacune en d'autres fractions plus petites.

Les O Ali et les O Sliman appartiennent à l'ordre religieux de Sidi Abderrahman, les Tdjadjta et les O Brahim sont Quadria, les O Abid Aissaouia, les autres mélangés.

Chacune de ces fractions a un mokaddem particulier résidant au milieu d'elles ; mais comme pour toutes les autres tribus de l'Ouennifa, les cheicks religieux sont au Kef.

Doufan. — Les Doufan comprennent de leur côté cinq principales fractions se subdivisant aussi en d'autres plus petites.

Ce sont les :

Djebarat,

O Khalfa,

Haïdra,

Gouater,

O Zerig.

Ces fractions, ayant chacune leur mokaddem spécial et leurs cheicks religieux au Kef, sont tout à la fois Aissaouia, Quadria et Rahmania mélangés.

Les Khememsa et Doufan, du soff Hassinia, forment une réunion de 200 tentes, ne pouvant cependant monter que 50 cavaliers seulement.

Ces tribus possèdent une quantité considérable de jardins où dominent le caroubier et le figuier de Barbarie. Cultivateurs également, ces indigènes vont vendre leurs récoltes et leurs fruits sur les marchés du Ksour, du Kef, de Zouarin et de

Sers. Ils viennent aussi parfois à celui de Souk-Arrhas.

Ils sont, du reste, établis au nord des Zeghalma, depuis l'O Serrat jusqu'à la plaine de Sers.

Charen. — Cette tribu, située au nord des O Bon Ghanem, sur les deux rives de l'O Mellègue, et à hauteur de l'O Gorbeuch, est administrée par deux khelifas, commandant aux fractions suivantes :

1° Commandement du premier khelifa Aouamer :

Les Aouamer,

Brana et O Aissa (ne formant du reste qu'une seule fraction);

Les O Salem,

O Ali,

Chlihat,

O Mansour,

O Trad (3 tentes),

O Houimel,

O Abdallah,

Mehdbia,

Châchâ.

2° Commandement du second khelifa Ouarets :

Les Ouarets,

Khadran,
O Brahim,
Draghmia,
Rouaba (3 tentes),
Kouissia,
Semana,
Hatatba,
Ziatin,
O Zeghid,
Zaaba,
O Slim.

Au milieu d'eux habitent en outre près de la frontière les O Thil, originaires de Gamouda, et les O Mouelha sur la rive gauche de l'O Gorbeuch.

Le cheick de la première de ces deux fractions, Ahmed el Ouidhek, est un marabout connu même en Algérie.

Les O Mouelha, qui ont pour cheick Boubaker ben Khelil, sont des derviches descendant de Si Abdel Banah, dont le tombeau s'élève près du Dj Gueurn.

De ces différentes subdivisions les Ouarets et les Aouamer sont les deux plus importantes, et même ces derniers de beaucoup les plus forts; aussi les deux Khelifas sortent-ils généralement de chez eux. Aucune rivalité n'existe cependant dans la tribu dont les différentes parties sont parfaitement unies entre elles.

Les Charen très-nombreux comptent 300 tentes, 55 bons cavaliers, et une force d'environ 600 à 700 fusils; ils appartiennent comme les précédents au soff Hassinia.

Ils sont Rahmania, Quadria et Aissaouia mélangés avec des mokaddems distincts; les cheicks de l'ordre résident généralement au Kef.

D'un caractère guerrier, les Charen sont cependant cultivateurs et possèdent en outre de nombreux jardins.

Ils fréquentent les marchés du Kef, de Zouarin et de la plaine de Djendouba.

Au point de vue politique, ils sont, ainsi que les Ouargha leurs voisins, très-dévoués au gouvernement actuel.

Ouargha. — Les Ouargha forment, au nord des Charen, entre l'O Meliz et l'O Mellègue, vis-à-vis notre frontière, une tribu très-unie, administrée par un caïd et plusieurs cheicks, commandant à diverses fractions, qui sont :

Les Draouza,

O Bou Hariz,

Ghoualia,

Chogueran,

El Gouarech,

Adailia,

O Sliman (comprenant la petite subdivision des Necaïbia);

Les Chiabna et Adhadba (ne formant qu'un seul cheickat);

Les Azaizia,

Djeridat et O Brahim (également réunis),

O Dhifallah,

O Yaya et les Bebda (ne comprenant plus aujourd'hui que 2 tentes seulement, campées sur la frontière);

Les Dekhailia,

O Alia,

O Saï.

Les Ouargba possèdent 300 tentes et un goum de 70 cavaliers.

Si, comme les Charen, ils n'ont, par rapport aux tentes qu'ils possèdent, qu'un nombre restreint de cavaliers, cela tient à ce que, comme eux, ils habitent en grande partie la montagne. Ils possèdent en revanche de 800 à 1,000 fusils.

Ainsi que les autres tribus de l'Oueunifa, les Ouargha sont Hassinia, et de plus très-dévoués au bey, comme les Chareu.

Au point de vue religieux, la majorité d'entre eux suit les préceptes de Sidi Abderrahman; quelques-uns toutefois sont Aissaouia; les chefs religieux des deux sectes habitent tous au Kef, à l'exception cependant de quelques mokaddems résidant au milieu de la tribu.

Ces gens sont cultivateurs; ils ont aussi des jardins renfermant un grand nombre de ruches à miel, et ils possèdent en outre une certaine quantité de troupeaux qu'ils vont vendre sur les marchés voisins et même à Souk-Arrhas. Ils emportent alors d'Algérie des tissus, et quelquefois aussi des épices.

O Yacoub. — Les O Yacoub, campés à l'est du Kef, du côté de Lorbès, Ras el Heuoud et Zouarin, ont pour les commander un caïd et trois cheicks.

Les principales fractions sont en effet :

O Madi { Zaara,
El Aghaoua;

O Nasseur
- O Adel,
- Mjaoula,
- Gheraïsia,
- O Fenad;

O Hamed
- Jdarnia,
- O Taieb,
- O el Tifa,
- O Ouaïl.

Cette tribu, aujourd'hui en partie ruinée, n'a que 120 tentes et une vingtaine environ de mauvais cavaliers. Comme les gens de l'Ouennifa, ils sont du soff Hassinia.

A l'exception des O Madi, qui sont Aissaouia, les O Yacoub sont Rahmania et ont au milieu d'eux un mokaddem de l'ordre de Sidi Abderrahman. Leur cheick religieux est, comme toujours, au Kef.

Ces indigènes, qui sont généralement cultivateurs, possèdent en outre un grand nombre de figuiers de Barbarie et de très-beaux jardins abondamment pourvus de fruits et de légumes.

Ils fréquentent les marchés du Ksour, de Zouarin, de Sers, celui du Kef et ceux de l'Hammada, des O Ayar, ainsi que de Dakhela. Parfois aussi, ils se rendent à Souk-Arrhas.

Indépendamment des O Yacoub établis près du Kef, il en existe d'autres qui, installés au Nefzaoua sous la direction de M'Ahmmed ben bou Allègue, se livrent en ce pays au pillage et à la maraude, leurs principales et même seules sources de revenu. Demeurant généralement l'été à Nagga, ils se transportent d'habitude l'hiver un peu plus au sud dans le pays de Dahar, d'où ils partent en tous sens tenter leurs hardis coups de main.

Touaba et Gouazin. — Ces deux petites tribus relèvent : la première du Kef, la seconde des Ouartan.

Elles se divisent : les Touaba en Kochta, Mqazdia, Châoun, Harazna; les Gouazin en Slaimia et Ghzarza.

Ces différentes fractions sont toutes de l'ordre de Sidi Abderrahman; elles possèdent trois zaouias, ont chacune leur mokaddem particulier au milieu d'elles et leur cheick religieux au Kef.

Ils ont 150 tentes, près de 50 cavaliers, et font, comme les précédentes tribus, partie du soff Hassinia.

Campés à Zouarin et aux environs, ils y ont de nombreux jardins où domine le figuier de

Barbarie, de belles plaines qu'ils labourent et de superbes troupeaux qu'ils élèvent pour aller les vendre ensuite, ainsi que des piments, du beurre et leurs autres produits, aux marchés du Ksour, de Zouarin, de Sers et même parfois de Souk-Arrhas.

Ouartan. — A l'est des Arabes composant l'Ouennifa est campée au Ksour et dans les plaines d'Ouartan la tribu de ce nom.

Les indigènes qui en font partie se partagent en deux grandes divisions principales, les Hadaba et Beinou, qui se subdivisent eux-mêmes en douze autres fractions, qui sont : les Maarif, Hadaba, O Bou Aouch, Sbahia, Gouazin, O Ahmed, O Belkacem, el Aouania, O Soultan, el Amazia, O Si Ahmed, Zūl.

Ils appartiennent au soff Bachia et suivent les deux ordres religieux de Sidi Abdelkader et de Sidi Abderrahman, dont les préceptes leur sont enseignés par quelques mokaddems installés au milieu d'eux.

Leurs marchés sont, après le Ksour, ceux du Kef, de Sers, de Dakhela, de Baja et de Testour, où ils vendent les burnous et les haicks confectionnés sous leurs tentes, ainsi qu'une grande quantité de bœufs et de moutons. En échange de leurs produits, ils rapportent chez eux des faulx, du savon, des cotonnades, des piments et autres objets semblables.

§ II. PLAINE DE REKBA

Plus au nord que les tribus de l'Ouennifa s'étend entre la frontière algérienne, l'O Mellègue et l'O Hertema, le pays connu sous la dénomination particulière de Rekba, qui est également appliquée du reste aux tribus qui y habitent.

Ces tribus, que nous allons indiquer en désignant en même temps leurs diverses subdivisions, comprennent comme tentes d'abord, puis ensuite comme chevaux susceptibles de former goum, les quantités suivantes :

Hakim (sur l'O Meliz), 180 tentes, 35 cavaliers ;

O Sdira (vis-à-vis notre frontière et le long de la Medjerdah), 150 tentes, 55 cavaliers ;

Ouchtata, 200 tentes, 40 cavaliers ;

Meressen, 150 tentes, 30 cavaliers ;

O Ali, 300 tentes, 60 cavaliers (tous trois à l'ouest, au nord des O Sdira et près de la frontière);

Beni Mezen (suivis des Heren, petite fraction de 25 tentes, au nord des O Ali), 200 tentes, 30 cavaliers;

O Solthan (sur la droite de l'O Diz), 130 tentes, 40 cavaliers;

O Mfodda (rattachés aux O Ali), 150 tentes, 35 cavaliers.

Les trois dernières sont au centre ou à l'est de Rekba.

Chacune comprend en outre plusieurs fractions diverses, qui sont :

Aux Hakim, les O Farès, O Zemam, Medafâ, el Alchâ, Maïzia, Khenancha, Thebabâ et Afrïaï.

Chez les O Sdira, les O Belkacem, O Mira, O Traia, O Ahmid, O Ghomma, O Hariz, Soualem, Djouamâ (400 fusils).

Parmi les Ouchtata, les Drâïa, Gheraïria, Gheraïdia, Aouachria, Haouadjria, Saadnia.

Chez les Meressen, les O Stita, O Bou Zazi, el Achâb (3 cheicks, 350 fusils).

Aux O Ali, les Gouasem, Fezouâ, Mouaïsïa, Fogra, Khalan, O Etkhaïla, Quedhaquedha, O Dris, Alaoua, M'Ahmed Houasis, Djebabra, Aben Fadhloun, Aben Ahmed, Mraïma, Dekhaïlia, Klâ.

Parmi les Beni Mezen, les O Bou Kehil, Heram, Mecharqua, Zifallah, O Messelem, Hezil (800 à 1,000 fusils).

Enfin les O Solthan comprennent les Abes, O Dekhil, O Sakria, O Alaoua, Gouasem.

Les O Mfodda n'ont point, je crois, de subdivisions.

Contrairement aux tribus de l'Ouennifa, celles de Rekba sont du soff Bachia.

Au point de vue religieux, elles suivent principalement les préceptes enseignés par Sidi bel Hassen Chedli, Sidi Abdelkader et Sidi Abderrahman.

Indépendamment des tribus précitées, existent encore les deux petites fractions des Ghezouan et des Ghezara, qui comprennent à peine un millier d'individus. Ils habitent : les Ghezouan vers le milieu du cours de l'O Diz, et les Ghezara un peu plus à l'ouest, au sud des O Solthan et à côté des Ouchtata.

Sous le rapport politique, ils sont également du soff Bachia; au point de vue religieux, ils sont Rahmania.

Les O Sidi Abid (O Sidi Abdel Melek), qui apparaissent ensuite, comprennent sept fractions différentes : les O Sidi Abdallah, O Si Amara, O Si M'Ahmmed ben Ahmed, O Si Nasseur, O Si Messaoud, O Si ben Nour et O Cherf Eddin, sous l'autorité spéciale du caïd de Djendouba.

C'est une tribu religieuse appartenant au parti Hassinia ; campée en été près de l'O Hertema, elle descend en hiver à l'est du Kef, et parfois même émigre chez les Hammama, dans les environs de Kairouan.

Toutes ces tribus sont généralement très-riches en bœufs et en troupeaux, qu'elles conduisent chaque semaine au marché de Souk el Etnin, le principal du pays.

§ III. DAKHELA ET BASSIN DE LA MEDJERDAH

Dakhela. — On appelle ainsi un emplacement, très-fertile d'ailleurs, dû à une disposition topographique spéciale, par laquelle la plaine, s'allongeant en pointe vers le nord, semble pénétrer pour ainsi dire dans les montagnes qui s'étendent à l'ouest de la ville de Baja.

Ce pays est occupé par la population Bachia des O Bou Salem, jadis très-forte, mais bien diminuée depuis l'insurrection de Ben Ghdaoun, en 1864.

De plus, les caïds sont actuellement pris en dehors de la tribu, qui est en outre très-divisée entre elle, et qui n'a ainsi, par suite de ses soffs intérieurs, de sa faiblesse numérique et de ses chefs étrangers, aucune importance quelconque au point de vue politique.

Sous le rapport religieux, ces indigènes suivent surtout l'ordre des Quadria.

Bassin de la Medjerdah. — Au-dessus des O Bou Salem sont, au nord de Baja, les Djeladjela, les Chiaheiah (15 cavaliers, 700 fusils), dans les montagnes à l'ouest de cette même ville, et plus loin encore les Amdoun de la secte religieuse des Rahmania (500 fusils, 300 chevaux), puis au sud la tribu pauvre des Djendouba, sur la rive droite de la Medjerdah, dans les plaines aux environs du Bordj de Zouam. Ces derniers, agriculteurs (généralement Khammès), sont du soff Bachia, Rahmania et Quadria mélangés.

La petite fraction des Rihabna, installée au milieu d'eux, leur est par suite rattachée.

De la Dakhela des O Bou Salem à Testour on

rencontre successivement les petites tribus des Zouagha, des O Khader; plus au nord de Koka, des O Merah, des O Belil (rattachés aux O Bou Salem) et des O Abdallah (compris dans les Zouagha), qui, réunies, ne renferment seulement pas une population de 2,000 individus.

Ces tribus relèvent directement du caïd de Baja, et n'ont, vu leur peu d'importance, que des cheicks pour les commander.

A Medjez el Bab et à Khich el Oued sont les Riah, importante tribu de cette vallée.

Tout à la fois cultivateurs et pasteurs, ils possèdent en outre des jardins et une certaine quantité de ruches à miel. Ils appartiennent au soff Bachia, suivent presque tous les préceptes religieux de Sidi Abdelkader et se divisent en six différentes fractions commandées chacune par un cheick particulier, sous l'autorité directe du caïd investi. Ces subdivisions sont : les Mahouisset, Jainet, Douibet, Aouakbia, Nouassria et Mraachdia.

A côté d'eux, vivent dans la montagne les O Soula, insignifiante petite fraction qui relève de Mater, ainsi que les Aouin; viennent ensuite les Mathis, leurs voisins, qui dépendent de Medjez el Bab.

Plus loin, à hauteur de Tebourba, sont les Ouata, du commandement de Mater.

Les Trabelsi, originaires, comme leur nom l'indique, du Beylik de Tripoli, d'où ils vinrent jadis, il y a du reste fort longtemps aujourd'hui, ont un peu plus haut leurs campements dans des terres très-fertiles. Bien qu'une partie d'entre eux s'emploient à la vérité comme Khammès pour les travaux des champs, ils n'en constituent pas moins une tribu forte et puissante du soff Bachia.

Telles sont les populations vivant sous la tente dans la vallée même de la Medjerdah; il nous reste à examiner maintenant celles établies plus à droite sur les bords des Oued Khaled, Siliana et Miliana.

§ IV. VALLÉES DES OUED KHALED, SILIANA ET MILIANA

On compte dans ces bassins trois fortes tribus, qui sont successivement, en allant de l'ouest à l'est, les O Ayar, O Aoun et les Drid.

O Ayar. — Les O Ayar, dont le centre est établi au Dj Hamada, s'étendent au nord dans le bassin de l'O Khaled et au sud-est dans la direction de

Kairouan. Leurs montagnes très-boisées renferment à peu près 4,000 oliviers, mais sont surtout couvertes d'une grande quantité d'arbres à essences résineuses ; aussi font-ils un grand commerce du goudron qu'ils retirent de tous les pins existant dans leurs forêts.

Ils sont commandés par quatre caïds ayant sous leurs ordres des cheicks préposés aux nombreuses fractions qui composent cette tribu et qui portent les noms d'O Zid, Ousaltia, O Salah, El Harat, O Abdallah, Ababsa, Mransia, Ahel el Baz, O Ayar el Quebala, O el Aoura, el Gheraïbia, O Mbarek, O Younes, Slamia, Debabsa, O Aissa, Ouata et quelques autres encore.

Quadria et Rahmania mélangés, les O Ayar prennent au Kef le chapelet de leur ordre chez le cheick el Mizouni ou chez Si Ali ben Aissa suivant le cas. Ils ont, quoi qu'il en soit, leurs mokaddems au milieu d'eux, et quelques zaouias telles que celles de Fellès et de Sidi Said el Gharbi chez les Quadria, celles de Sidi Amor et de Sidi Abdel Melek chez les Rahmania.

Cette tribu est du soff Bachia.

Il s'y tient tous les vendredis de chaque semaine un grand marché à el Hamada, indépendamment duquel les O Ayar vont encore chez les O Aoud et les Drid vendre de la laine, des haicks, des flidjs, des troupeaux et du grain.

Cette tribu peut mettre sur pied environ 80 cavaliers.

O Aoun. — Cette tribu, à cheval comme la précédente sur la chaîne de montagnes qui du Dj Hamada se continue jusqu'au cap Bon, habite de préférence cependant la vallée de la Siliana.

Elle est composée de huit fractions principales commandées chacune par un cheick, sous l'autorité d'un caïd; ce sont les :

O Aouiti,

Khararbia (composés des Khararbia proprement dits et des O Brahim),

O Si Feradj,

Yabouh,

Rouabaiah,

Aouamria,

Semmeran,

Agharba (comprenant les Khelaifia, Alaicha et O Sidi Marched).

Les deux premières subdivisions sont Quadria ;

les autres suivent les préceptes de Sidi Abderrahman.

Ils ont les uns et les autres plusieurs zaouias et quelques mokaddems.

Indépendamment de ces fractions qui font partie intégrante de la tribu, il convient de citer aussi comme se rattachant aux O Aoun, avec lesquels ils sont du reste en parfaite communion d'idées et d'intérêts, les O Yahia, gouvernés par deux cheicks, l'un commandant aux Chaib et Aragba, l'autre aux O Mahmmed et O Salem.

Ces indigènes sont comme la majorité de la tribu de l'ordre de Sidi Abderrahman; ils habitent plus particulièrement la vallée de l'O Rouba.

Les O Aoun sont tout à la fois cultivateurs et pasteurs. Leur territoire à ce double point de vue est du reste excellent, indépendamment en outre de nombreux jardins et de la grande quantité de figuiers de Barbarie qu'il contient.

La tribu, parfaitement à son aise, peut de plus mettre sur pied une force d'environ 100 cavaliers.

Ces Arabes appartiennent au parti des Hassinia.

Drid. — Les Drid, dernière tribu de la contrée qui nous occupe, sont incontestablement fort importants. Presque tous originaires de l'ouest, et venus soit d'Alger, soit d'Ain Beida, de Tébessa ou de Souk-Arrhas, ils sont actuellement d'une façon générale (car ils déménagent souvent) campés des rives de la Medjerdah aux plaines de Kairouan.

Ils se composent de quatre principales fractions commandées chacune par son cheick particulier sous l'autorité d'un khelifa appelé caïd Drid el Arab, et relevant comme les cheicks placés sous lui du véritable caïd de la tribu (Si Mrad) qui réside à Tunis.

Ces divisions sont :
Beni Resg, 12 Kebars, 1,100 fusils;
O Djouin, 10 Kebars;
O Mennah, 10 Kebars, plus de 1,200 fusils;
O Arfa, 10 Kebars,
auxquelles se rattachent les Hanencha venus jadis de Souk-Arrhas, les Tissaoua, les Merdès venus de Bône, les Fadlaoua de Guelma, les Rbaiab, plus quelques autres fractions également commandées de leur côté par un kebir : tels sont encore les Kanzara et les Sidi Abid d'Algérie passés en Tunisie.

Jadis on incorporait en effet parmi les Drid, à

cause de certains priviléges honorifiques dont jouissait alors cette tribu, tous les Algériens qui se réfugiaient dans la Régence.

Au milieu d'eux vivent de plus les Arab, petite fraction administrée par un cheick et un caïd distincts, relevant de Mater.

Sous le rapport religieux les Beni Resg sont Quadria, les Djouin Rahmania, mais les O Mennah et les O Arfa n'appartiennent en revanche à aucun ordre quelconque.

Nul soff ne divise l'intérieur de cette tribu, qui, très-riche en chevaux et chameaux, émigre en partie l'hiver, beaucoup moins cependant qu'autrefois, dans le Sahara tunisien.

En temps ordinaire ils fréquentent avec leurs troupeaux les marchés de Sers, d'el Hamada, de Dakhela, de Baja et de Mater, où ils vendent en outre une certaine quantité de haïcks et de burnous.

Les Drid sont comptés comme faisant partie du soff Bachia.

§ V. ADMINISTRATION

Telles sont les tribus situées dans la contrée qu'arrosent l'O Medjerdah et l'O Miliana.

Sous le rapport administratif, elles relèvent suivant le cas du Kaya du Kef, des caïds de Baja et de Teboursok, ou de Tunis directement.

Les tribus dépendant du Kef, ou pour mieux dire de Si Rchid, sont d'abord celles de l'Ouennifa, puis les O Sdira, Ouchtata, Meressen, O Ali, Beni Mezen et O Mfodda sur la frontière, en seconde ligne enfin les Hakim, O Solthan, Ghezara et Ghezouan.

Ce Kaya a encore sous son commandement direct les petites tribus du territoire du Kef, telles que les Mellita, Beni Resg mta el guarsa, Klâa, Haraguin, O Taleb, O Abdallah, Ouerfella, Koka, qui ne sont en réalité autre chose que des fractions de diverses tribus dont elles sont depuis longtemps détachées.

On les désigne plus spécialement d'ailleurs sous la dénomination particulière d'Arouch es sendjak.

Le caïd de Baja commande de son côté aux Amdoun, Nefza, Chiahciah, Djeladjela, Koka et Zouagha.

Le caïd de Teboursok n'a sous ses ordres que quelques faibles tribus, dans le genre de celles qui composent les Arouch es sendjak du Kef.

Enfin relèvent directement de Tunis les O Bou Salem, Djendouba, Ouartan, O Ayar, O Aoun, Trabelsi et Drid, ainsi que les villes de Teboursok, Testour, Medjez el bâb et Tebourba.

Ces trois dernières ont chacune leur cheick particulier.

CHAPITRE III

VILLES DIVERSES ET POINTS PRINCIPAUX
BASSINS DE LA MEDJERDAH ET DE L'O MILIANA

§ I⁽ʳ⁾. VILLES DIVERSES ET POINTS PRINCIPAUX

De l'O Miliana au cap Bon, on trouve, au milieu d'une mauvaise plaine, Hammam el Enf (l'ancienne *Maxula* des Romains), établissement d'eaux thermales réputées très-bonnes contre les maladies de peau. Cette eau est salée, mais très-pure et sans aucune odeur.

Soliman, petite ville d'environ 800 habitants, rebâtie en 1611, sous Othman Dey, par les Maures alors chassés d'Espagne. Autrefois très-florissante, elle est aujourd'hui dans un assez misérable état.

Un peu plus au sud, sur la route de Tunis à Soussa, est Guerombalia, village peu important d'environ 100 habitants, et Turki, petite localité encore moins forte. A quelque distance de là, on trouve, au sud-ouest, l'enchir Tebournok, l'ancien *oppidum Tubernicense*, jadis évêché, aujourd'hui complétement ruiné, bien qu'à deux époques différentes les Byzantins d'abord et les Arabes ensuite l'aient successivement relevé. A quelque distance de là, à droite de l'O Tebournok et sur la route de Tunis à Hammamet, s'élève le petit village de Blad Belli, qui a été bâti avec d'anciens matériaux romains sur les ruines d'une vieille bourgade.

A l'est de Guerombalia sont les petits villages des Beni Khalleb et de Menzel.

Sur la côte apparaissent l'enchir Mraissa (le petit Port), le marabout de Sidi Ali Ghaïss, et les villages de Bridja, Douela *(Mizigita)* et Hammam Gourbos.

Ce dernier village, jadis l'évêché de *Carpi*, contient de remarquables eaux thermales qui produisent, dit-on, des cures merveilleuses dans le traitement des maladies syphilitiques et contre les effets de la médication mercurielle trop prolongée. Elles sont aussi reconnues excellentes à l'égard des douleurs rhumatismales et, pour toutes ces raisons, très-fréquentées et fort renommées. L'eau en est salée, très-pure néanmoins, avec une légère odeur toutefois d'hydrogène sulfureuse. On y compte sept sources différentes, dont une entre autres est particulièrement riche en sulfure.

Plusieurs ruines successives apparaissent ensuite le long de la côte : les principales sont celles de l'ancien évêché de *Missua*, aujourd'hui connues sous le nom de Zaouia Sidi Daoud en Nebi.

L'île de la Tonara, où se font de grandes pêches de thon d'avril en juillet, est à côté; puis viennent la Zaouia de Sidi Abdelkader, au milieu d'un petit hameau, et enfin le village d'el Haouria.

Près de ce dernier point existent, à quelque distance sur le bord même de la mer, les fameuses et vastes carrières dites de Ghar el Kebir, composées de dix-huit salles souterraines successives, éclairées par une ouverture supérieure. C'est près d'elles que débarqua jadis le roi Agathocle, et c'est en ce point qu'il brûla les vaisseaux qui l'avaient amené.

A l'ouest de l'O Miliana (O *Catada* des anciens) apparaissent les ruines de Ghadess *(Adis)*, célèbre par la victoire qu'y remporta jadis Régulus sur l'armée carthaginoise. Chachou Fondouk, Sidi Fatallah, hameau, et Zaouia très-fréquentée par les gens de Tunis, sont à côté.

Tunis *(Tunisum)* est situé à environ 4 lieues de la Medjerdah, entre le golfe dit d'el Bahira et le lac connu sous le nom de Sebkha el Sedjoumi, qui se dessèche d'ailleurs en grande partie pendant l'été. Son port, appelé la Goulette, est à l'entrée du golfe; il forme l'ouverture d'un canal creusé, dit-on, jadis par les Carthaginois et qui fait encore aujourd'hui communiquer ce golfe avec la mer. Celui-ci est toutefois en assez mauvais état par suite de la vase qui augmente chaque jour; aussi un chenal a-t-il été tracé pour y guider les embarcations qui, de Tunis, se rendent à la Goulette. On croit cependant qu'il pourrait être aménagé et devenir une assez bonne rade. Il existe au milieu une petite île connue sous le nom d'île Chekli.

Un bourg s'est élevé à la Goulette, du côté nord; vis-à-vis et de l'autre côté du canal est, au sud, le bagne de la Régence.

La ville, bâtie sur le penchant d'une légère colline, est tournée vers la Goulette, et la casbah en occupe, comme toujours, le point culminant. Un mur crénelé entoure la ville protégée, mais en apparence seulement, par quelques forts ou batteries qui ne pourraient nullement résister à un bombardement, bien que la ville, par suite de l'emplacement qu'elle occupe et la disposition des lieux environnants, puisse être cependant très-convenablement fortifiée.

On compte deux faubourgs en dehors de Tunis, celui de Bab el Souika au nord et celui de Bab el Djezira au sud.

Les rues sont étroites, sales, tortueuses; deux ou trois, plus importantes que les autres, sont seules pavées. Les étrangers habitent le bas de la ville, qui est évidemment le quartier le moins avantageux. Toutefois le climat de Tunis est très-beau, et les nombreux détritus qui viennent chaque jour augmenter ceux déjà accumulés dans le golfe ne semblent, malgré tout, avoir aucune fâcheuse influence sur la santé des habitants.

Tunis renferme un nombre considérable de mosquées, de zaouias et d'écoles. La principale est incontestablement celle des Oliviers (Djama ez Zitoun), où le bey se rend d'ailleurs pour prier chaque fois qu'il va à la mosquée.

Les marchés, dont les principaux sont ceux de Souk el Bey et de Souk el Turk, sont également très-beaux, bien entretenus et couverts. Chaque métier y occupe exclusivement un quartier, une rue, ou un emplacement distinct.

La population est d'environ 90,000 à 95,000 âmes.

Le bey n'habite guère Tunis, où il a cependant un palais; il réside généralement au Bardo, situé à une petite lieue de là, au nord de la Sebkha el Sedjoumi.

L'eau vient dans ces deux villes par l'ancien aqueduc de Carthage, en partie restauré, en partie complété par un canal de tuyaux en fonte récemment posé.

Cette capitale fut autrefois fondée par des Phéniciens, à peu près vers la même époque que Carthage, entre l'an 900 et 890 avant l'ère chrétienne. Elle devint bientôt presque aussi importante que sa voisine, à laquelle son histoire se trouve, du reste, rattachée sans cesse. Lors des démêlés entre Rome et Carthage, elle se trouva, par suite de sa position entre les deux armées, tour à tour occupée par le parti victorieux, et, après avoir été également entraînée jadis dans la guerre des Mercenaires, elle participa encore aux sanglantes querelles de Massinissa et de Syphax. Détruite comme Carthage après la première guerre punique, elle se releva ensuite sous Auguste et Adrien, prit part à l'élection des deux Gordien et aux luttes qui s'ensuivirent, ainsi qu'aux sanglantes querelles des donatistes, qui ne se terminèrent qu'en 355. A dater de 395, Tunis, échue avec l'Afrique en partage aux empereurs byzantins, subit dès lors la domination de tous les envahisseurs qui se présentèrent successivement, et son histoire particulière n'offre plus désormais aucun caractère distinct du reste du pays.

Comme environs, il convient de citer Mournakia, d'où viennent en grande partie la plupart des légumes vendus à Tunis; Manouba, caserne de cavalerie au milieu de nombreuses villas auprès desquelles se voit un tronçon du fameux aqueduc de Carthage, et la belle Zaouia de Sidi Ali el Hatab, fréquentée surtout par les dames du grand monde tunisien.

Au nord, entre Tunis et la mer, sont les lieux de plaisance d'Ariana, de Djafar, Sebella, Sokha, Kamart, Marsa et Sidi ben Said. Des jardins, des villas nombreuses existent, du reste, dans toute cette partie.

C'est également de ce côté, au nord de la colline de Kamart, que se trouvent les ruines, aujourd'hui informes, de l'ancienne Carthage. Trois petits hameaux s'élèvent au milieu, et auprès est la chapelle dite de Saint-Louis, construite, en effet, depuis trente-trois ans au lieu même où succomba jadis le roi très-chrétien.

Cette chapelle est bâtie à l'est de la fameuse citadelle de Byrsa, berceau de la puissance carthaginoise, et sur l'emplacement d'un ancien temple autrefois dédié à Esculape, et où se jetèrent dans les flammes, à la chute de Carthage, la femme du lâche Asdrubal et neuf cents transfuges romains.

On a, du reste, compté dans cette ville un assez grand nombre de temples dédiés à diverses divinités ; ils furent, à l'époque du christianisme, soit détruits, soit consacrés au nouveau culte.

Carthage n'ayant d'autre eau que celles recueillies dans d'immenses citernes, l'empereur Adrien fit construire ou tout au moins commencer ce fameux aqueduc qui menait jadis dans la grande ville les eaux de Zaghouan et de Djougar. On en retrouve encore d'assez nombreux tronçons suffisamment conservés, ainsi que les traces visibles de thermes et de citernes.

Un peu plus loin, sur les hauteurs de Calaat el Oued, on voit l'emplacement des anciens *Castra Cornelia*. Pour bien comprendre aujourd'hui leur position actuelle, il faut se rappeler que l'embouchure de la Medjerdah, dans le temps beaucoup plus à l'ouest, est actuellement tout près de Porto Farina.

Ghar el Melha ou Porto Farina, autrefois *Ruscinone*, est une petite ville fortifiée sur les bords d'un faible golfe dont l'entrée est, de nos jours, presque complétement barrée. Le golfe lui-même est du reste peu profond, et Ghar el Melha, jadis célèbre port de mer militaire à l'époque des corsaires barbaresques, reçoit à peine actuellement quelques mauvaises barques de pêcheurs.

Toutefois la ville est située au milieu de magnifiques jardins, sur un territoire fertile et bien planté; elle n'offre néanmoins aucun intérêt particulier : sa population est d'à peu près 800 habitants.

Aux environs de Ghar el Melha, est au nord sur la mer le gros village de Ras el Djebel; dans les terres on trouve celui d'Aoudja *(Membrone)* au milieu de magnifiques oliviers, les petits hameaux de Zouaouin et d'Aouid, enfin celui de Bou Farès. Un grand nombre de marabouts enterrés aux environs de l'embouchure de la Medjerdah y ont leurs kobbas sur le territoire de Porto Farina.

§ II. COURS DE L'O MEDJERDAH

La Medjerdah. — La Medjerdah, qui sort du cercle de Souk-Arrhas au nord du Dj Frina, coule dans une direction générale nord-est. Elle reçoit sur sa gauche l'O Bidour ou Dardara, qui vient également d'Algérie, et dont le cours comme le sien est parfois assez mauvais.

Entre ces deux rivières passe la route stratégique et généralement bonne de Souk-Arrhas à Baja.

L'O Bidour se jette dans la Medjerdah sous le nom d'O Ghraghraï.

L'O Hertema, sous celui d'O Diz qu'il conserve dans la partie supérieure de son cours, descend du mont Tagma et se déverse dans la Medjerdah à l'entrée de la plaine dite de Dakhela. Dans sa vallée se trouve à quelque distance de ses rives le village de Balta, situé au nord dans la montagne, et où existe une mosquée dite de Sidi Salah. Il porte également vers le milieu de son cours le nom d'O Grezela.

Tout le pays parcouru jusqu'ici est montagneux; aucun village, aucun groupe d'habitations qui mérite d'être particulièrement cité.

Le pays devient ensuite un peu meilleur à partir de Dakhela où la vallée s'élargit ; quelques cabanes ou gourbis se mêlent çà et là le long des bords du fleuve aux tentes des douars, mais on ne trouve cependant encore aucun centre de population à citer avant Testour.

La vallée maintenant large et belle constitue en ce point par sa fertilité proverbiale un terrain de labour de qualité supérieure : on trouve du reste de l'eau dans la rivière en toute saison. Son lit, toutefois, est resserré de Testour à Medjez el bâb et sa vallée assez étroite, surtout à enchir Chouirat.

La Medjerdah reçoit sur sa gauche avant d'arriver à Testour l'O Boul ou O Baja.

Un peu au-dessus de ce confluent existe sur la rive droite le bordj de Zouam que M. Pélissier croit être l'ancienne *Zama* placée par d'autres à

Djiama, chez les O Aoun. L'eau de cet affluent est, dit-on, généralement peu saine à boire; du reste, le climat de la vallée est lui-même malsain, et l'on y compte beaucoup de fièvres intermittentes dues au voisinage des marais que forme la rivière.

Dans la partie supérieure de son cours cet oued arrose Baja, l'ancienne *Vaga*, sise au milieu d'un territoire agricole excessivement renommé pour la beauté et l'abondance de ses céréales. Non-seulement la vallée de l'O Boul est en effet parfaitement cultivée, mais encore celles de deux autres petits torrents situés plus à l'ouest le sont-elles également. On y trouve en outre dans chacune une certaine quantité d'enchirs entourés d'oliviers, de jardins et de vergers.

La ville, située sur le versant d'une haute colline, est protégée par un mauvais mur d'enceinte avec tours carrées. Comme toujours, la casbah est au point culminant ; elle renferme de plus dans ses murs la meilleure fontaine de la ville.

Baja tombe en partie en ruines, et son intérieur offre actuellement à l'œil un assez misérable aspect. La mosquée de Baja consacrée à Sidi Aïssa passe pour la plus ancienne de la Régence ; c'est une basilique d'autrefois en assez mauvais état d'entretien.

Baja est sous la direction d'un caïd qui délègue d'ordinaire à son khelifa une partie de son autorité, laquelle s'étend en outre sur plusieurs tribus voisines. Il n'existe aucun cheick dans la ville, qui se divise néanmoins en quatre quartiers différents : 1° Haoumet ain Chems, 2° Haoumet ain Bou Tahr, 3° Haoumet Sidi Zerdout el Gueblia, 4° Haoumet bâb Khenannou. On y compte une population d'environ 4,000 habitants, mi-partie Bachia, mi-partie Hassinia, suivant les trois ordres religieux des Aissaouia, Quadria et Rahmania.

Baja, à deux jours de Tunis, est un des marchés de grains les plus importants de Tunisie. Son couscouss est également renommé comme le meilleur de toute la Régence, et il a dans ce pays la même réputation que celui d'El Miliah a obtenue chez nous.

Jadis, au temps de Jugurtha, c'était une des villes les plus riches et les plus commerçantes d'Afrique. Dans les guerres numides, s'étant d'abord soumise aux Romains, elle en égorgea bientôt la garnison par surprise. Métellus, par punition, la livra peu après en pillage à ses soldats; Baja toutefois ne tarda pas à se relever de ses ruines et devint même plus tard un évêché de l'Église d'Afrique.

A quelque distance de ce lieu est le village connu sous le nom de Zaouiet Medine, et tout près de la ville celui dit d'El Ousseltaia.

La Medjerdah arrose ensuite Testour (*Bisica Lucana,* colonie, évêché), petite ville assez bien bâtie, élevée sur la droite du fleuve et habitée par d'anciens Maures d'Espagne que gouverne un seul chef. Elle est peu importante et ne renferme que 2,000 habitants; on y compte une synagogue et plusieurs mosquées.

Des mines de plomb argentifère, où l'argent entre dans la proportion de 1,5 p. 100, existent à l'ouest dans le Dj Djebba. Ces mines sont actuellement exploitées par une société espagnole.

La Medjerdah arrose en continuant le mauvais petit village de Slouguia, bâti sur sa rive droite, et auprès duquel existe encore une vieille tour romaine. Slouguia a remplacé l'ancien *municipium Chidibbelensium,* autrefois évêché.

Ces deux dernières localités sont en partie habitées par des Hammama sédentaires.

Avant d'arriver à Medjez el bâb, on voit à

gauche plusieurs gros blocs connus sous le nom de tombeaux du faux témoignage. Suivant les gens du pays, ces blocs seraient autant de faux témoins changés jadis en pierres par la justice divine. Nous avons du reste à Hammam Meskoutine, près de Guelma, en Algérie, une légende analogue.

Medjez el bâb, sur la droite du fleuve, est une ancienne localité romaine qui tire son nom d'une vieille porte triomphale dédiée aux empereurs Gratien, Valentinien et Théodose, et sous laquelle il fallait passer pour entrer en ville. Indépendamment du gué qui existe à Medjez el bâb, et qui contribue également à lui donner son nom, la ville possède un fort beau pont à sept ou huit arches. Les habitants du soff Bachia sont partie Quadria, partie Rahmania et commandés par un caïd assisté d'un cheick dans ses fonctions.

En continuant de descendre le cours du fleuve, une certaine quantité d'enchirs ainsi que de zaouias auprès desquelles sont groupées quelques maisons apparaissent entre Medjez el bâb et Tebourba; tous ces groupes sont généralement situés sur la rive gauche.

Le petit bourg de Khich el Oued *(Chisiduo)* est

entre Medjez el bâb et Tebourba sur la rive droite du fleuve. Il a son cheick particulier, il est vrai, mais subit complétement l'influence des gens de Medjez, et ses habitants en suivent les mêmes ordres religieux.

Medjez el bâb et Khich el Oued font partie de la tribu des Riah.

La vallée est ensuite très-resserrée jusqu'à Tebourba et Chdeida sur la rive gauche du fleuve. A droite, au contraire, où courent seulement le long des bords de petites collines, l'espace est plus vaste. A partir de Chdeida, montagnes et collines disparaissent complétement, pour faire définitivement place à d'immenses plaines qui s'étendent alors jusqu'à la mer.

Tebourba est une petite ville de 1,800 habitants, située sur la rive gauche de la Medjerdah, et habitée par d'anciens Maures chassés d'Espagne et des Arabes originaires du Maroc. Les gens de Tebourba sont généralement aisés; la ville, du reste, est bien située; elle est en effet construite au milieu de véritables forêts d'oliviers et de figuiers. C'est l'ancien *Tuburbo Minus* de l'époque romaine; on y trouve aujourd'hui une fabrique de chachia et une de draps.

La rivière, après de nombreux méandres, arrose à une lieue et demie plus loin le petit village de Chdeida, situé à droite sur un territoire riche et bien planté. Cette localité renferme également une belle fabrique de chachia analogue à celle de Tebourba; un pont en pierres la met en communication facile avec la rive gauche du fleuve.

A partir de ce point une certaine quantité d'enchirs, de bordjs et quelques fermes sont répandus dans la plaine, surtout sur la rive droite, entre la Medjerdah et Tunis.

Le seul lieu important au point de vue historique est le petit hameau de Bou Chater, réunion de quelques mauvais gourbis sur l'emplacement où s'élevait jadis *Utique*. A part les débris d'un grand aqueduc et quelques citernes, il ne reste plus aujourd'hui de cette ville aucune trace notable. Bou Chater n'est qu'à quelque distance de l'embouchure de la rivière.

Ces plaines sont cultivées par des Trabelsi et des Djendouba; les premiers, originaires de Tripoli, sont depuis plusieurs siècles fixés en ce pays.

Sur sa droite, la Medjerdah reçoit l'O Zitoun, qui, sous le nom d'O Meliz, vient après un parcours montagneux se jeter dans ses eaux.

L'O Mellègue, originaire du cercle d'Aïn Beida (Algérie), se jette dans la Medjerdah avant l'enchir Caïd el Orbaa. Cette rivière reçoit à gauche l'O Amègue et l'O Mellel, à droite l'O Horreir, qui sert en certains points de limite entre l'Algérie et la Régence, et qui lui-même reçoit également à droite l'O Serrat qui sort des environs d'Haïdra.

En cette localité sont les ruines splendides de l'ancienne *Ammedara*, colonie et évêché, éparses sur les deux rives du fleuve, jadis réunies par un quai. C'est sur le côté gauche toutefois qu'était la ville proprement dite. On y voit un superbe arc de triomphe dédié à Septime-Sévère, plusieurs basiliques, trois mausolées, dont un en marbre blanc; les traces de deux belles voies dallées, une vaste enceinte carrée flanquée de tours, une ancienne citadelle qui conserve l'empreinte des deux dominations romaine et byzantine, puis les ruines d'un grand palais. La vallée de l'O Serrat renferme du reste un grand nombre d'enchirs, parmi lesquels je citerai celui de Thala, où le bey actuel a dernièrement renouvelé l'ancien marché autrefois si important qui s'y tenait jadis. On y trouve même un petit village.

Entre l'O Serrat et l'O Horreir apparaît de loin

la montagne isolée de Calaat es Senam, sur laquelle est bâti un mauvais petit village sans grande importance, il est vrai, mais que sa position particulière distingue néanmoins des autres.

Après l'O Serrat, l'O Mellègue reçoit encore à droite l'O el Gorbeuch, l'O Koheul, qui arrose Nebeur, et l'O Safia.

A quelque distance sur la rive droite de l'O Mellègue se trouvent dans ce bassin les villes du Kef et de Nebeur.

Le Kef, l'ancienne *Sicca Veneria* des Romains, colonie, puis évêché, est considéré en Tunisie comme une place forte très-importante. Elle est située sur un rocher, entourée d'un mur d'enceinte et protégée par plusieurs bastions. La Casbah est également placée au point culminant, mais, malgré sa belle position, la ville est dominée par la hauteur dite de Ksar er roula, à laquelle on arriverait facilement en tournant les jardins qui sont de ce côté. Les Tunisiens, toutefois, ne paraissent nullement s'en être préoccupés jusqu'à ce jour.

La population actuelle n'est guère aujourd'hui que d'un millier d'âmes, mais elle était beaucoup plus forte avant 1868. C'est, après Kairouan, la ville la plus fanatique de la Régence; elle renferme du reste plusieurs des principaux chefs religieux des provinces de l'ouest. Le gouverneur du Kef est le farik Si Rchid, son khelifa Si Ahmed ben Zouari.

On y compte quatre quartiers, administrés chacun par un cheick distinct; ce sont: Haoumet el Aouerd, dont les habitants, mi-partie Aissaouia, mi-partie Quadria, sont tous du soff Hassinia; Haoumet ben Anin, Hassinia et Aissaouia; Haoumet Cherfiin, Bachia et Aissaouia; Haoumet el Msalla, Hassinia et Quadria.

Le chef religieux le plus influent est le cheick des Quadria, Si el Mazouni. Très-avancé en âge aujourd'hui et n'ayant pas d'enfants, il a adopté un jeune homme de vingt ans, Si Kaddour, qui passe également pour un homme de bien.

On trouve auprès du Kef une certaine quantité de ruines sans grande importance.

La ville fabrique quelques burnous très-estimés, et ses jardins s'étendent à une grande distance sur la route de Tunis.

Nebeur, à quelques lieues au nord du Kef, situé sur la pente d'une montagne, au milieu de beaux jardins et de belles plantations d'oliviers, peut renfermer environ 800 habitants.

La Medjerdah reçoit ensuite l'O Khaled, séparé du précédent bassin par les collines du Kef. Cet oued est formé à l'entrée de la plaine de Sers par plusieurs cours d'eau différents. A l'origine de leurs sources sont les ruines de Dugga *(Tucca Terebenthina)* et de Makter *(oppidum Mactaritanum)*, les premières n'offrant aucune particularité bien intéressante, les autres présentant deux arcs de triomphe assez bien conservés, quelques parties d'aqueduc, les restes d'un temple et les vestiges d'un amphithéâtre.

L'O Khaled reçoit à gauche l'O Zanfour, qui a sa source près du petit village de ce nom, l'ancienne *Assuras* d'autrefois, jadis colonie et évêché. On y voit encore son mur d'enceinte, deux mausolées et trois arcs de triomphe, dont un, plus beau que les autres, est dédié à l'empereur Septime-Sévère, à sa femme Julia Domma et à son fils Caracalla. L'O Tessa, formé de la réunion de l'O Zaafran, qui sort de la montagne du même nom, et de l'O Lorbès. Ce dernier cours d'eau passe à Enchir Lorbès, jadis *Lares*, ancienne ville forte sous Jugurtha.

Entre le Dj Zaafran, d'une part, et le Dj Kifen el Heuoud, de l'autre, on trouve dans le nord de la fertile plaine d'Ouartan les petits villages de Zouarin et de Ksour, ainsi que les deux enchirs d'Ebba et de Medeina. Le premier est l'ancien *Obba,* où se réfugia autrefois Syphax, après l'incendie par Scipion de son camp établi près d'Utique, avec les troupes carthaginoises; le second est l'ancienne ville de *Thibaritanum oppidum*, auprès de laquelle on voit encore de vieilles carrières jadis exploitées.

Continuant de suivre l'O Khaled, on rencontre d'abord sur sa gauche le bordj Messaoudi et la zaouia de Sidi Abd er Reboeuh, auprès de laquelle apparaissent les débris informes de l'antique *Musti*. C'est non loin de là, près de l'O Khaled (que l'on considérait alors comme l'un des deux bras de l'O *Bagradus*), que Régulus tua autrefois le fameux serpent qui arrêtait son armée. Bien que la race en ait depuis longtemps dégénéré, on en trouve néanmoins de très-gros encore dans l'O Khaled et le bassin de la Medjerdah.

On voit ensuite le mauvais hameau de Krib, les petits villages de Kern el Kebch et Hedjah (ce dernier jadis *Agbia*).

On aperçoit également beaucoup d'autres ruines, parmi lesquelles celles du village de Dougga, l'ancienne *Thugga*, sont de beaucoup les plus importantes. C'est là qu'était le superbe mausolée que le consul anglais de Tunis, sir Thomas Reade, fit en partie démolir il y a une trentaine d'années pour en enlever la fameuse inscription bilingue (libyque et punique) qui le recouvrait, et qui a a été depuis transportée en Angleterre. On y voit encore trois vastes systèmes de citernes, deux fontaines et les traces de tous les monuments que comportait autrefois une grande ville. Les carrières existent toujours aux environs dans une montagne voisine.

Plus au nord s'élève Teboursouk, petite ville délabrée et mal bâtie, munie toutefois d'une excellente source et construite dans un terrain très-fertile couvert d'oliviers; elle est protégée par un faible mur d'enceinte, et ne compte guère plus de 200 à 300 habitants, qui se livrent à la culture des céréales et fournissent au commerce une huile très-réputée pour sa finesse.

A l'ouest de Teboursouk et au pied du Dj Korra sont au milieu de ruines les deux hameaux de Melili et de Kouchebatia.

L'O Siliana, autre affluent de droite de la Medjerdah, sort du massif montagneux connu sous le nom d'Hamada des O Ayar. Dans la partie supérieure de son cours son lit est fort resserré et sa vallée très-étroite. Il arrose plusieurs petits villages et quelques zaouias habités par les O Ayar et les O Aoun, dont les tribus occupent toute sa vallée.

Entre l'O Khaled et l'O Siliana il convient de signaler comme villages dans les montagnes qui séparent ces deux cours d'eaux, la Calaa des O Aoun, Djiama (peut-être l'ancienne *Zama*, suivant quelques auteurs), Khaba Aouda et Tunga, où sont les ruines assez considérables de l'antique *Thignica*.

L'O Siliana reçoit sur sa gauche l'O Snouber, l'O Djiama, l'O Massouge et l'O el Hama. Son affluent le plus considérable à droite est l'O Rouba, qui arrose dans sa fertile vallée les deux petits villages de Mezata et Sendja. Ce pays est habité par la petite tribu des O Yahia, qui se rattache volontairement aux O Aoun, dont ils sont généralement considérés par suite comme faisant partie.

§ III. COURS DE L'O MILIANA

L'O Miliana. — L'O Miliana (jadis *Catada*), le deuxième grand fleuve de ce bassin, sort du Dj Barkou, sous le nom d'O el Kebir. Il arrose d'abord l'enchir Ain Fournu, où existent les ruines d'*oppidum Furnitanum*, passe ensuite près de la zaouia de Sidi Naoui, à gauche, et de l'enchir bir Magra, jadis *Thibica*, également situé du même côté dans la plaine de Bahiret el Fahs.

On rencontre plus loin à droite la qobba de Sidi bou Amida, vis-à-vis de laquelle un pont en pierres a été construit sur la Miliana. Les ruines dites d'enchir el Casbah, jadis *Thuburbo Majus*, colonie et évêché, sont presque vis-à-vis, de l'autre côté du fleuve; il existe un fondouk auprès.

La rivière traverse ensuite la plaine de Smendja, laissant sur sa gauche l'enchir Mecherka, jadis *Giuf*, et sur sa droite à quelque distance les ruines de l'ancien *oppidum Simingitanum*. Dans cette plaine apparaissent également de nombreuses traces de l'ancien aqueduc de Carthage, puis viennent l'enchir Sidi bou Hadjeba à droite, et le bordj Gourjanah à gauche. Ce dernier est construit au milieu de superbes potagers.

On trouve encore comme ruines les enchirs Amira et Oudena sur la rive droite; ce dernier est l'ancienne *Uthina*, autrefois évêché. Enfin, je citerai en dernier lieu, à gauche, le point de Mohammedia, petit village qui eut un instant de splendeur quand le bey Ahmed y fit jadis construire le vaste palais, aujourd'hui complétement abandonné, où il comptait alors habiter.

Dans ce bassin il convient d'indiquer à gauche, au point de vue de l'antiquité, les ruines de Bou Ftis, jadis *civitas Avittensis*, puis Bibba et l'enchir Boucha, autrefois l'évêché de *Turuza;* les ruines en sont assez confondues.

A droite de l'O Miliana il faut encore signaler l'enchir Oum el Abouab, autrefois *Seressita*, et le petit village de Bent Saida, autour d'une zaouia dédiée à Fatma bent Saida; il est entouré de vergers que traverse un tronçon de l'aqueduc qui amenait jadis à Carthage les eaux de Djougar.

Un peu plus haut au nord est Zaghouan, situé sur une légère colline au pied du Dj Zaghouan (*Zeugitanus mons*). Cette petite ville, de 2,000 âmes à peu près, bâtie sur l'emplacement d'une vieille cité romaine, est dans une ravissante position. Une eau fraîche et limpide coule sans cesse de tous côtés et fertilise ainsi en tout temps ses magnifiques vergers, où les peupliers et les noyers dominent. De Zaghouan partait l'aqueduc de l'empereur Adrien, destiné à mener à Carthage les eaux de la montagne.

Les gens du pays se livrent à la fabrication des chachia et de tuyaux de pipe assez recherchés, qu'ils font du reste avec les nombreux roseaux qui abondent en ce lieu.

TROISIÈME PARTIE

CHAPITRE PREMIER
DESCRIPTION GÉNÉRALE

§ 1ᵉʳ. MONTAGNES ET NATURE DU PAYS

La troisième partie embrasse toute la Tunisie centrale, c'est-à-dire le pays compris entre la chaîne de montagnes qui au nord termine au sud et à l'est la précédente contrée, la mer à l'est du cap Bon aux Bibans, à l'ouest les collines de Barika et d'El Djebissa qui servent également de frontières à nos possessions algériennes, la grande chaîne atlantique, puis la Régence de Tripoli au sud-ouest et au sud. Toutefois, la limite entre Tunis et Tripoli est une ligne conventionnelle assez mal définie et fort peu respectée.

Quant à la chaîne du grand Atlas, qui s'abaisse à Gafsa, elle forme en ce point le défilé étroit par lequel on pénètre dans le Sahara tunisien en descendant le cours de l'Oued Baiach.

Du Dj Djebissa à Gafsa les montagnes qui la composent prennent les noms successifs de Dj Ssif, Dj Nougueza, Dj Chaambi, Dj Goulib, Dj Derneia, Dj Goubeul, Dj Oum El Ksob, Dj Sarraguia et Dj Hatigue. De Gafsa à l'extrémité est de la Sebkha Faraoun la chaîne prend les noms de Dj Assalah, Dj Orbata, Dj El Euhong, Dj Oum Ali, Dj Hadifa et Dj Halloufa. De ce point à la Régence de Tripoli sont les monts de Tebagua, le Dj El Melah et Dj Ammor; les monts des Beni Aissa et ceux de Matmata, les Dj Zemerten, El Halloufa, El Hamelia, Ghoumerassem et El Ouderna, que l'on désigne d'habitude sous la dénomination générale de monts des Ouerghama et des Ouderna.

Cette contrée présente comme aspect deux zones différentes : la presqu'île de Dakhelet El Mahouin, le Sahel et puis l'Arad constituent celle du littoral; l'autre s'étend au contraire à l'ouest vers nos possessions algériennes.

La première renferme des villes, des bourgs,

des villages et dans le sud des oasis; la seconde ne contient que des tribus habitant sous la tente et plus ou moins sédentaires ou nomades.

La zone voisine de la mer présente du reste dans son ensemble trois caractères bien différents tant sous le rapport du sol qu'au point de vue des productions du pays. Tandis qu'au nord, en effet, dans Dakhelet El Mahouin, le territoire d'une admirable fertilité peut produire des céréales en quantité considérable, dans le Sahel, au contraire, où la nature du sol est légère et pierreuse, l'olivier est la seule culture qui réussisse réellement. Il y abonde du reste, et le commerce d'huile est considérable sur tous les points de cette contrée.

Enfin, un peu plus au sud, dans le pays de l'Arad, le sol, plus léger encore sans être complétement sablonneux cependant, est le terrain particulier des oasis et présente en outre quelques bons pâturages.

Le seconde zone comprend les principaux bassins de cette contrée; toutefois, les montagnes qui les partagent sont généralement assez peu élevées. Le sol n'est pas très-productif, les pâturages sont maigres; aussi une partie des tribus qui y habitent émigrent-elles à certaines époques vers le sud de la Régence pour ces diverses raisons.

Quant aux cours d'eau de la première zone, ce sont de véritables torrents, dans la presqu'île de Dakhelet El Mahouin.

Dans le Sahel ils ont une assez grande étendue, mais ne renferment pour ainsi dire point d'eau courante : ce sont des rivières intermittentes à sec la plupart du temps, bien que quelques-unes possèdent néanmoins un cours souterrain.

Dans l'Arad surtout ce dernier fait se présente souvent, grâce à une nappe d'eau qui y existe à quelque distance du sol, et le forage en ce pays de quelques puits artésiens serait un véritable bienfait pour les habitants.

§ II. FLEUVES ET RIVIÈRES

Les principaux cours d'eau sont, dans la presqu'île de Dakhelet El Mahouin :

L'Oued El Abiod, au nord de Menzel Temine.
L'Oued El Oudien, au sud.
L'Oued Chaib.
L'Oued Daroufla.

Dans le golfe d'Hammamet (*sinus Neapolitanus*) :

L'Oued Defla au sud d'Hammamet ; l'Oued Assoued non loin du précédent ; l'Oued Temoued ; l'Oued Chetioui.

L'Oued El Fekka vient ensuite ; sur la gauche de cette rivière, qui commence près de notre frontière algérienne, sont les deux enchirs de Sidi Bou Ghanem, peut-être l'ancienne *Menegessem*, où passait jadis l'une des deux routes de *Thereste* (Tébessa) à *Sufetula* et d'El Hameima, probablement *Menegere*, où passait alors dans ce cas la deuxième voie romaine conduisant également de *Thereste* à *Sufetula*. Plus loin apparaît à droite, après le Khanguet Slougui, l'enchir El Haout. De ce col à l'Oued Magroun la rivière traverse la grande plaine très-fertile d'El Fouçana et pendant ce parcours présente encore sur les deux rives de nombreuses ruines romaines, le moulin d'Hamouba entouré de plusieurs maisons et diverses qobbas dédiées aux marabouts Sidi Salah, Sidi bou Laba, Sidi Mustapha ben Azzouz et Sidi Harrat, mais aucun village réel.

L'Oued Magroun ou Oued Kasserin, qui vient du sud se jeter dans l'Oued Fekka, est séparé de l'Oued Baiach par la plaine marécageuse dite Garaat Khechem El Kelb.

Plusieurs ruines romaines avoisinent ses bords, entre autres celles de l'ancienne Kasserin, jadis *Scillium*, autrefois bâti sur une colline et dont le petit ravin de l'Oued Derb protégeait deux côtés.

Il y existe encore un mausolée à trois étages surchargé d'inscriptions, un arc de triomphe et les restiges de plusieurs grandes enceintes.

L'Oued Magroun coule entre le Dj Selloum à droite et le massif du Dj Chaambi à gauche. Il arrose une certaine quantité de jardins et passe près d'un petit village des Frechiche, sans importance aucune du reste, appelé les Ksarnia.

L'Oued Fekka reçoit ensuite l'Oued Hallouf, formé de la réunion de deux petits cours d'eau venus du Dj Zitoun; il est en plaine et n'arrose aucune localité importante.

Le pays qui s'étend du Dj Zitoun au Dj Selloum renferme une grande quantité d'enchirs.

L'Oued Fekka, laissant à gauche la ville aujourd'hui si misérable, jadis si florissante, de Gamouda dont elle traverse du reste les plaines, reçoit bientôt l'Oued El Hattab.

L'Oued El Hattab vient de l'ouest, sortant du

Dj El Hanèche; il passe au pied du Dj Rouhia, dont il porte un instant le nom, et non loin duquel il reçoit en plaine l'Oued Sbiba qui arrose les ruines de l'ancienne *Sufes*. Cette ville, jadis colonie, plus tard évêché, était située au milieu de sources abondantes et dans un terrain très-fertile où s'élèvent seulement aujourd'hui quelques mauvais gourbis. Elle était entourée d'une enceinte presque rectangulaire, au milieu de laquelle gisent à cette heure les débris de l'antique cité.

Indépendamment d'une belle fontaine encore bien conservée, de thermes et des ruines assez marquées d'une vieille basilique, on y trouve aussi un grand bâtiment carré qui était autrefois, si l'on en croit les gens du pays, une mosquée dédiée à Sidi Okbah, dont elle a du reste encore conservé le nom.

L'Oued El Hattab traverse ensuite, avant de se jeter dans l'Oued Zéroud (O el Fekka), un pays de forêts et de montagnes, laissant au nord le Dj Trozza, le Dj Ousselet aujourd'hui presque désert, mais célèbre par l'énergique résistance que jadis y opposèrent longtemps aux Turcs victorieux quelques Arabes insoumis, et le Dj Ghrab.

Dans le cours supérieur de ce fleuve et sur sa gauche il convient en outre de citer le petit hameau de Djouf, habité par des Ouled Ayar.

L'Oued Djelma, son affluent, vient du Dj Tiouach et court dans une direction analogue parallèlement à ce fleuve, dont il est séparé par les monts de Sbaitla et de Mekhila, sous la dénomination de Oued Sbaitla; il arrose le petit village de ce nom, construit sur les ruines de l'ancienne et splendide ville romaine de *Sufetula*.

Ce lieu important, jadis aussi évêché, était le point central où convergeaient à l'intérieur les diverses routes du pays. Détruite lors de l'invasion arabe, *Sufetula* a été presque complétement abandonnée depuis. Les ruines toutefois sont encore imposantes aujourd'hui; elles s'étendent des deux côtés de l'Oued, auprès duquel on aperçoit à gauche dans la montagne les carrières qui ont jadis servi à la bâtir. Un pont à quatre arches réunissait du reste les deux rives; on y voit encore un bel arc de triomphe, une magnifique voie dallée, des thermes, un amphithéâtre, les traces de deux enceintes rectangulaires et un autre vaste pourtour renfermant trois temples et percé de trois portes distinctes, celle du milieu correspondant au temple central. Ils sont tous trois du même modèle, mais les deux extrêmes sont beaucoup moins importants que le troisième.

L'Oued Marquelil, deuxième affluent de l'Oued El Hattab, est séparé par quelques collines seulement de l'Oued Djelma.

Il n'arrose du reste dans son faible parcours aucun lieu important. Il n'y a pas à proprement parler de villages à signaler sur le cours de ces trois rivières; on ne peut guère en effet donner ce nom aux quelques rares gourbis élevés plutôt pour les besoins momentanés de quelques fractions se livrant à des travaux de culture que pour servir d'habitation réelle, et qui peuvent ainsi être abandonnés du jour au lendemain, suivant le caprice de leurs propriétaires.

A hauteur et au nord de l'Oued Zeroud, à 33 lieues de Tunis, est Kairouan la sainte, capitale religieuse de la Régence, dont elle a du reste aussi été jadis le centre politique.

Kairouan est entouré d'un mur crénelé flanqué de huit tours armées de canons, et percé de quatre portes principales. Cette ville, aujourd'hui dans une plaine déserte, fut, dit-on, bâtie autrefois par Okbah, au milieu d'épaisses forêts qui couvraient alors le pays, avec les matériaux d'une ancienne ville romaine, *Sabia*, qui se trouvait aux environs.

Elle est propre et bien bâtie et renferme de très-beaux fondouks, ainsi qu'un nombre considérable d'édifices religieux, de zaouias et de mosquées, dont la principale, dédiée à Sidi Okbah, porte le nom de Djama El Kébir. Elle est entourée par un haut mur d'enceinte.

Les pierres dont elle est construite vinrent, dit-on, s'y placer d'elles-mêmes sur l'ordre du Tout-Puissant, et la mosquée s'éleva ainsi par la grâce de Dieu, sans le secours d'aucun ouvrier humain.

Les habitants de Kairouan sont très-fanatiques, et il y a à peine quelques années un étranger n'y pouvait pénétrer sans de grandes difficultés. Il faut reconnaître toutefois que cette rigueur diminue maintenant de jour en jour, et que les préjugés religieux, là comme ailleurs, tendent, sinon à disparaître complétement, du moins à s'affaiblir de plus en plus. Les Israélites cependant n'y sont pas encore reçus.

La ville a sept faubourgs et cinq quartiers différents, sous la surveillance d'un cheick distinct, relevant du gouverneur de Kairouan; celui-ci a en outre, comme la plupart des grands chefs, un khelifa spécial destiné à le suppléer ou à le remplacer en cas d'absence.

Ces quartiers sont :

1° Haoumet Chorfa, mi-partie Aissaouia, mi-partie Sellamia, les uns et les autres avec un mokaddem distinct. Ils sont du soff Hassinia.

2° Haoumet El Mahr, également Hassinia, de l'ordre religieux des Aissaouia.

3° Haoumet Jeblia, de même ordre religieux que les précédents, mi-partie Hassinia et mi-partie Bachia.

4° Haoumet Djama, de l'ordre des Quadria, la plupart Hassinia.

5° Haoumet El Gueblia, de la secte d'Abdesselem, presque tous Hassinia.

Kairouan a environ 13,000 habitants. Les marchés sont bien tenus et abondamment pourvus de toutes sortes de choses par les nombreuses caravanes qui se rendent en cette ville. Son commerce principal consiste surtout en pelleteries, selleries, fabrication de babouches jaunes, très-estimées dans toute la Tunisie, et confection de beaux tapis.

On ne trouve à Kairouan de bonne eau que

dans un seul faubourg ; partout ailleurs on a dû, pour la commodité des habitants, construire dans chaque maison des citernes particulières, indépendamment, du reste, de grands réservoirs publics établis de plus en dehors de la ville. Kairouan serait donc très-facile à prendre par la soif.

Les environs de la ville sont, comme ceux de la Sebkha El Hani, couverts de marabouts et de petites zaouias, parmi lesquels on voit encore çà et là quelques hameaux agricoles.

L'Oued Beghla et l'Oued Nabhan, grossi de l'O Serdiana, les deux derniers affluents de l'Oued Fekka, après Kairouan, ne présentent aucun caractère particulier. Dans la vallée de ce dernier cours d'eau il convient néanmoins de citer les centres agricoles de Sifsef et d'El Alem, puis, plus au nord encore, auprès du Dj Barkou, à la partie supérieure du cours de l'Oued Boutis, petit affluent de l'O Serdiana, les villages de Boutis, d'El Ghar et de Cherfa au milieu de belles forêts de pins.

Entre le Dj Barkou et le Dj Berberou se dresse la montagne âpre, sauvage, escarpée, de si difficile accès et de si étrange aspect de Kissera, formée pour ainsi dire de deux plateaux successifs.

On y voit quelques ruines et l'on y compte un village du même nom, chef-lieu du district, ainsi que plusieurs autres petits hameaux.

Les variations de température sont très-brusques dans ce pays.

De la Sebkha Kelibia jusqu'à la mer, l'Oued Pekka ne traverse plus ensuite aucune localité importante.

Toutefois, dans ce long parcours, cette rivière prend, suivant les différents pays qu'elle traverse, un nom distinct en bien des lieux; commençant en effet tout près de notre frontière au Khanguet El Djemel, dont elle porte tout d'abord le nom, elle prend successivement sur sa route les dénominations suivantes :

L'Oued El Hazza, sur les bords de laquelle sont campés les Ouled Naji (Fréchiche).

L'Oued Fouçana, près de laquelle on rencontre les Haouafod, fraction des Ouled Ali (Fréchiche).

L'Oued Bou Laba, où habitent sur les bords les Ouled Bou Laba, petite subdivision des Ouled Ouzez (Fréchiche).

L'Oued El Hattab, où est installée la smala du caïd des Ouled Ali (Fréchiche), et où se trouvent aussi les Ouled Moussa des Ouled Ouzez (Fréchiche).

L'Oued Dzazia, où sont campés les Ouled Askar des Ouled Ouzez (Fréchiche). Sous ce nom, l'Oued Fekka reçoit à droite l'Oued Magroun, ou Oued Kasserin.

Le cours de la rivière jusqu'au confluent de l'Oued Magroun a toujours de l'eau, hiver comme été ; il y a en effet de nombreuses sources et beaucoup de bois sur toute cette étendue.

Elle prend ensuite le nom d'Oued El Fekka à partir de l'Oued Magroun ; des douars d'Ouled Redouan (Hammama) apparaissent çà et là à côté de ses bords, et elle reçoit à droite l'Oued Hallouf.

Prenant alors le nom d'Oued Sedd, elle traverse sous cette nouvelle dénomination les plaines de Gamouda.

On ne trouve plus d'eau dans son lit depuis l'Oued Magroun jusqu'à Kairouan, celle-ci étant retenue plus haut pour les arrosages ; il faudrait pour en avoir lâcher les barrages établis dans la partie supérieure des affluents de gauche, ce qui a lieu du reste chaque printemps au moment du passage de la colonne du bey, quand elle se rend dans le Djirid, faisant en cinq jours la route de Kairouan, d'où les troupes vont ensuite à Gafsa, qu'elles atteignent sept jours après, et d'où elles se portent alors à leur gré en tout point voulu du Sahara tunisien.

Par suite de la particularité signalée plus haut, les voyageurs en temps ordinaire emportent toujours avec eux leur provision d'eau.

L'Oued Neggada, qui fait suite à l'Oued Sedd, traverse également des douars de Hammama et le pays de Gamouda; puis vient l'Oued Khechmeroua, sur les bords duquel sont établies quelques fractions de Méjers.

La rivière reçoit parfois en ce point, de l'Oued El Hattab, quelques cours d'eau qui portent en ce cas son nom. L'Oued El Hattab, qui se jette en effet par une large voie dans l'Oued Zéroud quand il a beaucoup plu, mêle simplement ses eaux, quand il n'en a pas tombé beaucoup, à celles de l'Oued Khechmeroua, où il se rend alors par une route plus directe et plus étroite, mais suffisante néanmoins pour ce qu'il contient en cette circonstance. Un fait analogue se produit du reste aussi à l'égard de l'Oued Marquelil, affluent de l'Oued El Hattab, qui, au lieu de se verser alors dans ce fleuve, tombe directement avant lui, par une route également plus courte que celle habituellement suivie, dans l'Oued Khechmeroua.

C'est cette particularité, peut-être peu connue, qui est cause sans doute des irrégularités existantes à cet égard sur la carte dressée en 1857 par les soins du dépôt de la guerre.

La rivière traverse ensuite les Zlaas sous le nom d'Oued El Fouehd. Il existe le long de ses rives des forêts jusqu'à ce point, tandis qu'à partir de l'Oued El Fouehd le pays ne présente plus à l'œil que des plaines uniformes, où le sol près de Kairouan est même marécageux.

L'Oued Zeroud vient après, à hauteur et à l'est de Kairouan. Sous ce nom l'Oued El Fekka reçoit à gauche l'Oued El Hattab, un peu avant d'arriver près de Kairouan.

L'Oued El Hattab, qui parcourt un pays entouré de forêts et de montagnes, reçoit lui-même à droite l'Oued Djelma, qui ne traverse au contraire que des plaines.

Ces deux rivières ont toujours de l'eau; celle de l'Oued Djelma est néanmoins souvent salée en bien des points de son parcours.

Quant à l'O el Hattab, il reçoit encore sur sa droite et au-dessous de l'Oued Djelma l'Oued Marquelil, dont le confluent se trouve au-dessus de Bougabrin. Des barrages établis en ce lieu y retiennent les eaux, et l'on n'en rencontre plus, par suite, de ce point à l'Oued Zeroud.

L'Oued Djelma possède en outre auprès de Sbaitla (la *Sufetula* des anciens) plusieurs sources d'eau tiède, qui se font sentir sur une certaine étendue.

L'O el Fekha traverse ensuite la Sebkha El Kelibia, lac d'eau douce très-poissonneux, dont elle prend, du reste, le nom d'Oued Keliba, sous lequel elle se jette à la mer un peu au nord et au-dessus de Calaat El Kebira, après avoir encore reçu à droite et dans la Sebkha même d'El Kelibia l'Oued Beghla qui vient du sud, et l'Oued Nabhan qui vient du nord.

Les autres fleuves sont, en suivant la côte : l'Oued Laya, d'une étendue de 17 kilomètres environ ; il a son embouchure au nord de Soussa.

L'Oued Agarib, formé par la réunion de sept différentes rivières, se jette dans la mer entre Soussa et Monestir.

L'Oued El Melah, très-grand et très-large, espèce de lac desséché, auprès de Mahadia.

L'Oued Chabbah, dont le cours, d'une grande largeur, ne renferme de l'eau qu'après les pluies seulement ; il arrose le village de Chabbah et se jette dans la mer au nord du Bordj Khedidja.

Plus bas l'Oued Sidi Salah, à 12 kilomètres de Sfax, grande rivière également remplie par l'eau des pluies.

L'Oued Cheffar, au nord de Mahres.

L'Oued Sidi Mahddeb, à 12 kilomètres environ sud de Mahres, très-large aussi.

L'Oued Mta El Oumouissa, sans caractère particulier.

L'Oued Sghir, formé par l'Oued Rann et l'Oued Souinia.

L'Oued bou Said.

L'Oued Oum El Greroum.

Puis, dans le pays de l'Arad, les petits ruisseaux d'El Akarit, de Tarf El Ma, d'Erdis et d'Oued Melah, la rivière de Gabes, l'Oued Serrak, l'Oued Bou Zerkin et l'Oued Medjessar, puis enfin l'Oued Semar.

Ces deux derniers renferment en hiver une certaine quantité d'eau, que l'on y rencontre encore après les grandes pluies.

En été, d'ailleurs, on en trouve assez facilement en creusant à une petite profondeur du sol.

Les côtes de cette partie de la Régence sont couvertes de lacs salés généralement à sec en été. Les principaux à signaler sont, à quelque distance de la mer auprès de Kairouan, la Sebkha Kelibia et la Sebkha Sidi El Hani.

Les salines de cette dernière sont même affermées.

La Sebkha El Melah Mta El Graara et la Sebkha Mecheguigue un peu plus au sud, la première près de la route de Soussa à Sfax, la seconde sur la route de Kairouan à Gabes.

La Sebkha de Noail sur celle de Sfax à Gafsa, au pied de Kef el Mirikeb.

On traverse dans la gorge d'une petite rivière, l'Oued Bou Hedma, qui se jette dans cette dernière Sebkha, une source d'asphalte; à droite de cette même rivière existe en outre une belle forêt de gommiers.

La Sebkha El Mellaha à l'extrémité de l'Arad.

Enfin, reste à indiquer les petits lacs de Garaat Cherif, au nord de Dakhelet El Mahouin; de Sidi ben Nour, sur la côte orientale au sud des ruines de *Thapsus*, et celui de Khechem et Kelb, entre Ferriana et les Ksarnia, sans grande étendue ni les uns ni les autres.

CHAPITRE II

TRIBUS

Les diverses tribus tunisiennes habitant cette contrée sont : le long de l'Oued Fekka, les Fréchiche, les Mejers et les Zlaas au nord, les Hammama au sud. Le long de la côte et du nord au sud on trouve successivement, sur les bords de la Méditerranée, les Ouled Saïd, les Souassi, les Mthalith, les Nefat, les Mahadba. A l'intérieur de l'Arad, dans le pays de Gabes, on rencontre d'abord les Beni Zid au nord, les Hazzem, les Matmata dans la montagne principalement, les Hamarna et les Alaia sur les bords de la mer, puis, plus au sud encore, les Ouerghama, voisins de Tripoli, demeurant partie dans la plaine, partie surtout dans la montagne, les Ouderna dans les derniers contre-forts des monts de Tunisie, puis enfin, près la côte et dans la plaine, sur la limite même de la Régence, la petite tribu des Akara.

§ 1ᵉʳ. TRIBUS AVOISINANT L'O EL FEKKA

Fréchiche. — La première de ces tribus, celle des Fréchiche, est la plus voisine de nos frontières. Elle occupe le cours supérieur du fleuve et se compose de trois différentes fractions :

Les Ouled Ouzez, Ouled Naji et Ouled Ali.

Les deux premières, très-intimement unies entre elles, habituées à n'avoir autrefois qu'un seul chef, se trouvent néanmoins, à la suite de certaines rivalités, placées aujourd'hui sous l'administration de deux caïds différents.

Les Ouled Ouzez sont incontestablement la plus importante subdivision; ils égalent sans peine les deux autres en puissance et en richesse.

Les Ouled Naji sont au contraire les plus faibles.

Ces trois grandes fractions se subdivisent naturellement en d'autres plus petites, qui sont :

Ouled Ouzez :

Ouled Askar, fraction très-remuante, en opposition constante avec tous les caïds.

Afial, El Fourda, Baata ou Baassa, Ouled Moussa ben Abenoub, Hanadra, Zaaba, Skarnia, Ouled Bou Laba.

Ouled Najl :
Ouled Mafoud, Ouled El Hadj, Haracta.

Ouled Ali (fraction qui a toujours vécu indépendante des deux autres) :

El Haouafod, Smala, Kmata, Ouled Rida.

Les Fréchiche réunis ne représentent qu'une force de 250 cavaliers seulement, car, quoique assez nombreux comme combattants, ils ne possèdent relativement aujourd'hui que peu de chevaux, ayant été fortement éprouvés en 1867.

Ils sont du soff Bachia, opposé au bey actuel.

Les indigènes de cette tribu sont généralement travailleurs; ils appartiennent pour la majorité à l'ordre religieux de Sidi Abderahman.

Ils viennent chez nous en assez grand nombre et se livrent principalement au commerce du tan et des moutons; ils apportent en outre aux marchés du miel, du beurre, du poivre.

Le village de Fériana, habité par des Fréchiche, fournit également beaucoup de fruits. Ils font aussi des burnous de laine très-estimés, non pour leur finesse, mais pour leur solidité.

Indépendamment du marché de Tébessa, les Fréchiche fréquentent également ceux du Kef, de Zouarin et de Thala.

La laine des troupeaux de cette tribu est la plus estimée de la Régence.

Les Mejers. — Cette tribu se trouve établie au nord du fleuve, et les diverses fractions qui la composent sont très-unies entre elles.

Les trois principales divisions des Mejers sont : les Ouled Mennah, Chekatma, Fouchd, qui se subdivisent elles-mêmes en un très-grand nombre de sous-fractions.

Les Ouled Mennah sont originaires de la Régence; les autres sont jadis venus de l'ouest s'installer en ce pays.

Chacune de ces grandes fractions possède un khelifa particulier plus spécialement chargé de l'administration et du commandement intérieur, sous la haute direction du caïd.

Les Mejers, quoique assez nombreux, ne peuvent guère, comme les Fréchiche et pour les mêmes raisons, mettre sur pied que 300 cavaliers; ils appartiennent, ainsi que la précédente tribu, au soff Bachia. Bien que fortement éprouvés à l'époque de la misère, ils ont toutefois beaucoup repris depuis et sont suffisamment à leur aise aujourd'hui.

Les Mejers, cultivateurs et quelque peu commerçants, fréquentent ainsi les marchés de Zouarin, du Kef et d'El Dakhela.

Ils sont établis sur le territoire qu'ils habitent et demeurent constamment aux environs de Sbiba, Brila, Smama, Sbaïtla et Barmaja.

Toute la tribu appartient aux trois ordres religieux de Sidi Abdelkader, Tidjani et Sidi Abderrahman; chaque fraction possède sa zaouïa particulière.

Zlass. — Cette grande et forte tribu guerrière se compose de quatre différentes fractions parfaitement unies entre elles de cœur et d'intérêts. Elle est commandée par le kaya Si M'Ahmmed El Mrabot, gouverneur de Kairouan et du Djerid; un khelifa particulier est sous sa direction, attaché en outre à chacune des grandes divisions pour en surveiller les intérêts et la diriger.

Ces quatre fractions sont :

Les Ouled Sendassi, un khelifa et quatre cheicks.

Les Ouled Idir, un khelifa et deux cheicks.

Les Ouled Khelifa, un khelifa et trois cheicks.

Les Gouazin Kenoub, un khelifa et quatre cheicks.

Cette tribu des Zlaas, d'une population d'environ 10,000 à 12,000 âmes, peut mettre sur pied 400 cavaliers.

Ils sont stables, à l'exception toutefois des Ouled Idir, qui passent l'été à Bahiret Jina (ou Jehena), où ils mangent de nombreuses figues de Barbarie, et qui descendent l'hiver à l'ouest de Sfax.

Les Zlaas appartiennent aux deux ordres religieux de Sidi Abderraham et de Sidi Abelkader, dont les chefs résident au Kef. Chaque fraction, à l'exception toutefois des Ouled Khelifa qui n'en ont point, possède une ou plusieurs zaouias particulières.

Telles sont celles dites :

Zaouiet El Ajilet.

Zaouiet O Nagguez.

Zaouiet O Ben Zitoun chez les Sendassi.

Celle élevée à Jina chez les Ouled Jdir ainsi que celles appelées : Zaouiet Sidi El Laki et Zaouiet Sidi Khelifa dans la même fraction, toutes les trois appartenant à la secte des Rahmania.

Puis enfin Zaouiet Jdeb aux Gouazin.

Ils sont du soff Hassinia, mais ennemis toutefois des Hammama, bien que ces derniers soient également Hassina comme eux.

Ils labourent peu, mais exportent à Tunis une très-belle laine fort renommée; ils ont d'assez beaux troupeaux et de nombreux jardins de figuiers de Barbarie.

Ils fréquentent les marchés de Kairouan El Hala, Bled Sahel et Rebah Siliana.

Hammama. — La grande tribu des Hammama s'étend au sud de l'Oued El Fekka jusqu'au Djerid et est placée sous l'autorité immédiate de Si M'Ahmmed El Mrabot, gouverneur du Djerid et de Kairouan, qui délègue d'ordinaire ses pouvoirs à Si Ahmed-ben-Youcef, kaya direct des Hammama : ceux-ci forment deux forts partis différents, celui des Ouled Rebiah et celui des Ouled Redouan.

Ouled Rebiah. — Les Ouled Rebiah comprennent en un même soff les Ouled Aziz et Ouled

Mammar que le kaya Ahmed-ben-Jouaf (des Ouled Redouan) a dernièrement divisés pour les mieux commander et auxquels il a ainsi donné des chefs différents.

Le centre de cette fraction est à Guettar.

Les Ouled Rebiah sont commandés par huit khelifas, six aux Ouled Aziz, deux aux Ouled Mammar.

Les diverses fractions qui composent ces tribus sont :

Ouled Aziz. — Ouled El Mbarek, Ouled M'Ahmmed, Ouled-Bel-Hadi, Rdadiah, Ouled Abdelkrim, El Bdour.

En outre de ces fractions qui sont de véritables tribus, il existe encore (indépendamment des sous-fractions dans lesquelles ces tribus se divisent et qu'il serait trop long d'énumérer ici) un certain nombre de petites fractions particulières qui se rattachent directement pour l'administration et le commandement aux six principales qui viennent d'être énumérées.

Ce sont : la moitié des Fatnassa avec les Ouled Mbarek, les Ouled Yahia, la moitié des Douar et les Ouled Bou Aoun avec les Ouled Bel Hadi.

Une partie des Akerma, les Ouled Moussa Char

et la moitié de Telidjen avec les Rdadiah ; enfin les Ouled Ali, Ouled Mira, Oudainia avec les Ouled Abdelkrim.

(L'autre partie des Fatnassa, des Douar, des Akerma et de Telidjen est comptée parmi les Ouled Mammar.)

Bien que les Ouled Aziz soient assez unis, il n'en existe pas moins chez eux deux soffs particuliers.

Le premier, sous le nom d'O Ali-ben-Zaid, comprend les Blour, Rdadiah et Ouled Abdelkrim ; il est beaucoup plus fort que le second, qui, sous la dénomination d'Ouled Bel Hadi, réunit les Ouled M'Ahmmed, Ouled Mbarek et Ouled Bel Hadi.

Ouled Mammar. — Les Ouled Mammar comportent quatorze grandes fractions ayant chacune à sa tête un ou plusieurs cheicks, et commandés en outre par deux khelifas.

Sous le commandement du premier khelifa sont :

Le Anachria (partagés en deux fractions, les Ouled Ali Bou Alleg et les Gouaid).

Les Ouled Zid.

Les Khemailia, qui se divisent en deux sous-fractions, les Soualia et Zaablia, ayant chacune son cheick particulier.

Les Ouled Chrit, Souhai, Meguedmia, enfin la moitié de Telidjen sous la direction spéciale du caïd.

Comme aux Ouled Aziz, deux fractions particulières se rattachent également aux grandes divisions que nous venons de citer; telles sont les Zouari et les Ouled Dellel avec les Ouled Zid.

Le second khelifa a sous ses ordres :

Les Ouled Bou Yahia, forte tribu composée de cinq petites fractions, les Ouled Amara, Ouled Dinar, Ouled Mejed, Chelaiba, Ouled Mbarek, et commandés par deux cheicks.

Les Halim, Akerma, Ouled Ouebah, la moitié des Fatnassa, Msaba El Ghor, la moitié des Douar, et les Ouled Sidi Khelifa.

Enfin il faut en dernier lieu citer une fraction particulière nommée les Djélailia, qui sont une des plus fortes avec les Ouled Zid et les Anachria.

Malgré ces deux commandements distincts, il n'existe néanmoins aucun soff chef les Ouled Mammar dont les diverses subdivisions vivent entre elles en parfaite intelligence, et dont les principales familles sont du reste unies par les liens du sang.

Ouled Redouan. — Les Ouled Redouan, également appelés Ouled Driss ou encore Enneraoua, sont aussi commandés par deux khelifas. Cette tribu, très-dévouée au bey, réside généralement aux alentours de Gafsa.

Elle se compose de vingt-trois fractions qui sont :

1° Sous le commandement du premier khelifa :

Les Ouled Messaoud avec deux cheicks ;

Les Douali et les Eurchan, également dirigés par deux cheicks.

2° Sous l'administration du second khelifa :

Les Ouled Youcef, Ouled Si M'Ahmed-ben-Saad et Zeribia, Ouled Bou Alleg, Ouled-ben-Difa, Ouled Ahmed ben Aroua, Akarit, Ouled Ahmed ben Saad, Ouled Abid et Msaba, Ouled Si Sliman et Khodma, Hanencha, Ouled Menasseur, El Khodeur, Ouled Hadj, Guemendia (cette fraction constitue la garde particulière du drapeau du kaya), Ouled Mbarek, divisés en quatre différentes fractions auxquelles commandent deux cheicks particuliers, et les Ouled Akhim.

Il faut maintenant citer à part les Ouled Slama, fraction querelleuse et remuante, sans chefs investis, que de temps en temps parcourt seulement un des parents du caïd pour tâcher d'en tirer quelque revenu. Cette fraction se divise en plusieurs sous-fractions, dont l'une, les Ouled Ousaïf, se subdivise elle-même en deux autres plus petites, les Khelaifia et les Ouled Mabrouk.

Ces sous-fractions sont les Ouled Saidan, Ouled ben Hassen, Ouled Djedla, Ouled Si Sliman, Ouled Ali ben Aissa, Ouled Ali ben Tlili, Ouled Nasseur, Ouled Saib.

Il existe en outre deux petites fractions qui, trop faibles pour vivre isolément, rentrent dans celles indiquées plus haut; ce sont : les Msaba-El-Haouamet chez les Ouled Youcef et les Ouled Sidi-bou-Zid avec les Guememdia.

Enfin il reste encore à signaler une fraction particulière des Ouled Redouan, les Ouled Ferhan, placés sous le commandement spécial de Si Rustan, qui leur a fait donner un khelifa particulier. Cette fraction, qui se divise en trois sous-fractions, les Ouled Badeur, Ouled Ferhan et Ouled Belil, a en outre attachée à sa fortune une autre petite subdivision dite les Ouled Aïssa.

Ordres religieux. — Les Hammama, en grande partie de l'ordre de Sidi Abdelkader, prennent le chapelet à Nefta auprès de Sidi Brahim, un de nos ennemis les plus vindicatifs, mais qui jouit malheureusement parmi eux d'une assez grande considération.

Ces Arabes toutefois sont fort peu religieux, ne pratiquent pas, n'observent même point le rhamadan, et les mokaddems des quelques rares zaouias qui existent n'ont parmi eux, à l'exception, bien entendu, de Si Brahim, aucune autorité ou influence quelconque.

Ces zaouias sont : aux Ouled Mammar, celles de Sidi Nasseur El Alimi, Sidi Amor ben Abdjeouar, Sidi Mgueddem et Sidi Khelifa; aux Ouled Redouan, celles des Ouled Sidi Ali Ben Aoun, des Akerma, Douali, Ouled Sidi Bou Zid, et Sidi Amara ben Ncib aux Ouled Ferhan.

Il n'en existe aucune aux Ouled Aziz.

Les principales fractions, parmi toutes celles que nous venons d'énumérer, sont :

Les Ouled Abdelkrim aux Ouled Aziz, les Anachria, Ouled Zid et Djelailia aux Ouled Mammar, puis enfin chez les Ouled Redouan les Ouled Youcef, Ouled Mbarek et Ouled Ahmed ben Araoua.

Gotf. — Les Hammama, éminemment querelleurs et batailleurs, quoique cultivant cependant dans certaines limites, vivent dans un état d'indépendance presque complète, et quoique assez dévoués au bey, car ils sont Hassinia, ne lui payent néanmoins l'impôt que quand la colonne vient le chercher chez eux.

Goum. — Ils peuvent, du reste, monter jusqu'à 800 hommes de Goum, et possèdent en outre un nombre considérable de fusils.

Marchés. — Les Hammama, qui fréquentent l'été le marché du Kairouan, descendent en hiver aux alentours de Gafsa et d'El Guettar. Ils vont à cette époque dans les marchés du sud, y achètent des dattes et font un grand commerce de moutons et de chameaux.

Notice historique. — Driss, le fondateur de cette tribu, fut autrefois marié à deux femmes, dont l'une nommée Rebiah enfanta Aziz et Mammar, pendant que l'autre donnait en même temps le jour à un fils que l'on appela dans la suite Redouan ben Driss.

Soffs intérieurs. — Ces deux femmes ne pouvant s'entendre entre elles, leur mari se vit obligé de les séparer, et telle fut l'origine des deux grands soffs qui partagent aujourd'hui les Hammama, d'une part les Ouled Rebiah comprenant les Ouled Aziz et les Ouled Mammar, de l'autre les Ouled Redouan ou Ouled Driss, qui sont également appelés parfois Enneraoua.

Quoi qu'il en soit, les Hammama appartiennent tous au soff Hassinia, et ils sont à ce titre (depuis peu cependant) dévoués au gouvernement actuel, pour le maintien duquel ils ont en effet franchement combattu il y a quelques années, lors de l'insurrection peu ancienne d'Ali-ben-Ghdaoun. Défait complétement par eux en un lieu dit Fouam El Kheneg, situé à l'est de Gafsa, Ali, poursuivi jusqu'à Calaat-es-Senam, dut même pour leur échapper se réfugier en Algérie. Pris néanmoins plus tard et livré au bey, il mourut en prison, empoisonné, dit-on.

Les Ouled Redouan sont toutefois beaucoup plus dévoués que les Ouled Rebiah, actuellement mécontents du reste d'avoir été, il y a peu de temps, scindés par le kaya Ahmed-ben-Youcef des Ouled Redouan. Ce parti semble d'ailleurs sous le gouvernement actuel beaucoup plus favorisé que l'autre par le souverain régnant.

Indépendamment de ces raisons, d'autres causes antérieures partageaient déjà les Hammama entre eux, et, bien que dans un but de pillage ils se soient jusqu'à ce jour constamment réunis contre un ennemi étranger, il n'en existe pas moins entre eux certaines rivalités qui pour une cause ou une autre se réveillent à un moment donné.

L'origine première en remonte à un chameau saisi jadis à Gamouda par un homme des Ouled Mammar à un indigène des Ouled Slama qui lui devait, disait-il, de l'argent. Une rixe s'ensuivit; quelques hommes furent tués ou blessés, et, la querelle augmentant, les Ouled Aziz firent cause commune avec les Ouled Mammar leurs frères, pendant que les Ouled Redouan prenaient naturellement parti pour les Ouled Slama.

Sidi Ahmed Zarroug, ministre de la guerre, alors envoyé contre eux avec pleins pouvoirs par le bey Ahmed, les cerna, les battit et les razza complétement au Djebel-El-Douara à l'ouest de Gafsa. Les Hammama s'enfuirent, laissant sur le terrain un grand nombre de morts et de blessés, ainsi que beaucoup de prisonniers entre les mains du vizir, qui, se jetant vigoureusement à leur poursuite, les força bientôt par la rapidité de ses coups à reconnaître alors l'autorité du bey de Tunis, et rétablit ainsi parmi eux la paix pour vingt ans.

Une seconde lutte éclata en effet, il y a sept ou huit années, au sujet d'un caïd des Ouled Aziz, Si-Ali-ben-El Ghaib, qui, se rendant à Tunis pour voir le bey, fut assassiné en route aux Ouled Redouan par un homme de ce pays.

Les Ouled Aziz prirent aussitôt les armes, et la guerre se ralluma ainsi entre les deux tribus. Ahmed-ben-Youcef, à la tête des Ouled Redouan, battit, il est vrai, ses adversaires près de Gafsa, en un lieu dit El-Khata; la lutte, toutefois, n'en continua pas moins. C'est alors qu'un saint homme de la zaouia des Douali, Si El-Hadj-M'Ahmmed-ben-Amar, ancien cadi démissionnaire, fatigué des querelles incessantes qui désolaient son pays, se rendit à Tunis pour demander l'autorisation d'y résider désormais. Le bey l'accueillit avec bienveillance, et, après l'avoir entendu, manda auprès de lui les principaux d'entre les Hamamma qui se rendirent en effet à Tunis, et auprès desquels il fut assez heureux pour rétablir parmi eux la paix à certaines conditions.

C'est de cette époque, du reste, que cette tribu a réellement reconnu l'autorité du souverain.

Ils en sont toutefois si éloignés, que cette autorité n'est véritablement écoutée par eux que quand une colonne est là pour l'appuyer, et, malgré l'appui qu'ils ont prêté au bey lors de l'insurrection dernière qui menaça si grandement son trône, ils n'en vivent pas moins dans un état d'indépendance à peu près absolue et presque toujours, par suite de leur caractère pillard, inquiet et querelleur, en mauvaise intelligence avec tous leurs voisins.

Soffs extérieurs. — Ils sont surtout mal avec les Beni Zid et les Fréchiche, les deux plus importantes tribus du soff Bachia, et ils ont également conservé une vieille rancune aux Nemencha d'Algérie pour les raisons suivantes :

Une fraction des Drid ou d'Adouan (car, il y a trente ans, ils portaient tout à la fois ces deux noms), se trouvant vers cette époque campée près de Négrin et du Souf en un lieu dit Ennouaz, y fut alors razzée par trahison par les gens du Souf et par les Troud. Les Adouan ayant à cette occasion demandé vengeance aux Nemencha, les Troud, craignant les représailles, allèrent de leur côté réclamer aussitôt l'appui des Hammama. Les deux tribus en vinrent bientôt aux mains, et cette bataille, où grand nombre de gens des deux partis restèrent sur le terrain, est l'origine de la haine qui n'a cessé depuis de subsister entre Hammama et Nemencha. Après la lutte, toutefois, on enterra les tués, et, partout où fut trouvé un personnage influent ou un guerrier célèbre, on éleva des puits auxquels on donna le nom du mort, qu'ils ont d'ailleurs conservé jusqu'à nos jours : tels sont ceux de Smiah, Bou-Nab, Zaif et autres.

Ouled Sidi Abdel Melek. — Indépendamment des quatre grandes tribus précitées, il en existe une autre petite originaire d'Algérie, les Ouled Sidi Abdel Melek, divisés en deux faibles fractions, les Ouled Sidi Abdel Melek proprement dits et les Ouled Si-El-Hamadi. La première, composée des O Si M'Ahmmed ben Ahmed, O Nouna, O Si Sliman, O Si Ahmed ben Brahim, O Si Deif Allah ben Brahim, O Si Abdel Basset, promène ses tentes et ses troupeaux entre Sbiba, Sbaïtla et Thala; la seconde erre entre Tameghza et Negrin, à cheval sur la frontière des deux pays. Tantôt en Tunisie, tantôt en Algérie, les Ouled Si El Hamadi (O Si Douib, O Smeiah, Rkarka, O Bou Slah et O Bou Baker), Algériens ou Tunisiens, suivant le lieu où ils se trouvent, réussissent ainsi depuis plusieurs années à ne payer l'impôt dans aucun des deux pays.

Cette tribu n'a, du reste, aucune importance réelle.

§ II. TRIBUS RELEVANT DE SOUSSA

Ouled Said. — Les Ouled Said, tribu Maghzen du commandement de Soussa, sont établis à Nfida, à 75 kilomètres du chef-lieu, et à 45 kilomètres d'Herglea. Ils occupent toujours les mêmes emplacements.

Ils se divisent en quatre principales fractions commandées chacune par un cheick particulier sous l'autorité d'un caïd.

Ce sont :

1° Les Mahadeba et Ouled Aoun.
2° Les Aroussin et Ouled Amer.

3° Les Gheraba.

1° Les Ouaharia, Arb Selmoun, Ouled Daoud et Ouled Tiba.

Cette tribu, du soff Bachia, appartient aux trois ordres religieux de Sidi Abdelkader, Sidi Abderrahman, Sidi M'Ahmmed-ben-Aissa, et a pour mokaddems Si Salah-ben-Amor, Si Ali ben Aissa et Si Ali ben Jabeur.

Les Ouled Said peuvent présenter environ 230 cavaliers; c'est une tribu hardie et brave qui lutta jadis très-énergiquement contre la domination turque, et qui aujourd'hui fournit un goum fixe à toute colonne du bey sortant de Tunis.

Disons en passant que les Maltais, qui sont, comme on sait, d'origine arabe, descendraient, si l'on en croit la chronique du pays, des Ouled Said.

Cette tribu fréquente les divers marchés de Soussa, Tunis, Nabel, Takrouna et El Hamada chez les Ouled Ayar.

Les Ouled Said sont cultivateurs; ils font également un certain commerce de chèvres ou moutons, et sont en outre quelque peu maquignons.

Souassi. — Les Souassi, tribu Maghzem comme la précédente, demeurent aux alentours de la Sebka de Sidi El Hani, entre Menzel, Msaken et Kairouan, ou, pour indiquer plus exactement leurs emplacements, sont campés l'hiver à El Djem, non loin de Djemmel, au printemps dans la plaine de Chougueran, un peu plus au sud, et en été au nord de la Sebka El Hani, à Bir Magroun, entre Msaken et Kairouan.

Établis sur le territoire de Monestir, ils relèvent par conséquent de Soussa; ils ont néanmoins un caïd particulier, et se divisent en six grandes fractions commandées chacune par un chef spécial : ce sont les Ouled Moussa, Ouled Amor, Ouled Sidi El Hani, El Ali, Menadla, Abeira et Djarrouia.

Cette tribu appartient à l'ordre religieux de Sidi Abderrahman et a pour principale zaouia celle de Si Ameur El Mzouri, gardée par les descendants du marabout, puis quelques autres assez remarquables encore, telles que : Fgira, Ftima, Sidi Naceur, Bougabrin et Sidi Alouan.

Du reste, tout le territoire indiqué sur la carte entre Soussa, Sfax, la côte et la ville sainte de Kairouan, renferme en ses différents points un grand nombre de zaouias.

Les Souassi du soff Bachia, comme les Ouled Saïd, fournissent également comme eux un goum fixe à toute colonne sortant de Tunis pour opérer dans le pays. Ils peuvent équiper environ 150 cavaliers.

Les Souassi font un assez grand commerce de moutons, laine, beurre, chevaux et mulets, flidjs, reraras, orge, grains et huile surtout. Cette partie de la Régence, aux environs de Soussa, le Sahel en un mot, est en effet couverte de véritables forêts d'oliviers; aussi l'aspect du pays n'en est-il pas bien séduisant, car ces arbres d'aspect déjà triste, entremêlés çà et là de cactus seulement, n'offrent à l'œil du voyageur qu'un ensemble peu agréable.

Le principal marché de cette tribu est à Djemmel; il s'y tient en effet chaque semaine un marché fort important, où l'on vient de Soussa, Monestir, Sfax et des tribus voisines.

§ III. TRIBUS RELEVANT DE SFAX

Mthalith. — Les Mthalith habitent la côte vis-à-vis et à hauteur des îles de Karkennah, dont il ne sera d'ailleurs point question ici, aucune tribu importante ne les occupant.

Ils sont campés sur le territoire de Soussa, Mahadia et Sfax, relevant du reste de cette dernière ville, et commandés par le caïd Si Mohammed El Djellouli, gouverneur de Sfax.

Les diverses fractions composant cette tribu sont : les Bkhalta et Ouled Nasser, sur le territoire de Soussa.

Les Ouled Ameur, Ouled Zid, Amedna et Djouaouda, Bdarna, Mrahia, territoire de Mahadia.

Les Saadis, Agarba, Ouled Najem, Ouled Merah, Achech, territoire de Sfax.

Les Ouled Najem se divisent de plus en quatre autres fractions, commandées chacune par un cheick particulier : ce sont les Ouled Youcef, Aouabed, Arfat et Djerabah. Ces fractions, ayant une origine commune, campent réunies et mélangées entre elles aux alentours de Sfax, à l'exception toutefois des Djerabah qui, en leur qualité de marabouts, vivent à part. Les Ouled Youcef, Aouabed et Arfat n'ont au contraire aucune religion; ils sont purement guerriers, voire même pillards.

Par suite de ces subdivisions il existe donc en tout quinze cheicks chez les Mthalith, qui, maraudeurs et guerriers, ne suivent les préceptes d'aucun ordre religieux, à l'exception toutefois des Agarba et des Djerabah.

Les premiers observent en religion les principes de Sidi Aguerb, un de leurs ancêtres; ils ont une zaouia qui porte son nom et un mokaddem particulier.

Les Djerabah, de l'ordre des Quadria, suivent plus particulièrement les préceptes de leur aïeul le marabout Si Abdallah ben bou Djarboueub, à qui ils ont élevé chez eux une zaouia en son honneur.

Enfin, il faut encore citer chez les Mthalith une autre zaouia, dite de Sidi Makhlouf, construite à 22 kilomètres de Sfax, et entourée d'une dizaine de maisons environ.

Cette tribu appartient au soff Bachia; elle est brave, énergique, guerrière, et peut armer à peu près 320 cavaliers.

Les Aouedna et Djerabah en sont les deux plus fortes fractions.

Ces Arabes ont beaucoup de troupeaux et ne font guère d'autre commerce que celui de la laine et des olives; ils comptent en effet sur leur territoire un grand nombre d'oliviers.

Leur principal marché est celui de Sfax.

§ IV. TRIBUS RELEVANT DE GABES

Nefat. — Cette tribu, campée entre les Mthalith, les Mahadeba et les Hammama, relève du commandement de Gabes, dont elle est éloignée d'une bonne journée.

Elle a pour kaya celui même de Gabes, et un khelifa particulier.

Elle se divise en deux grandes fractions : les Atiat, commandés par deux cheicks, dont l'un porte le titre de cheick el kebir, et les Ouled Mahmoud, commandés par un seul cheick, sans désignation particulière.

Trois autres subdivisions, les Rebaiab, Assilat et Abadna, suivent, les deux premières les Atiat, la troisième les Ouled Mahmoud.

Les Nefat passent l'été dans la vallée de l'Oued Sghir, à un jour de Sfax, où ils trouvent après l'hiver et quand les pluies ont été abondantes d'assez bons pâturages. Ils se procurent assez facilement en ces lieux l'eau nécessaire à leur usage, en creusant çà et là des puits dans la rivière. L'hiver ils remontent auprès de Si El Hadj Kassem, marabout des Zlaas.

Cette tribu appartient à l'ordre des Sellamia, mais n'a ni mokaddem ni zaouia; ses membres vont prendre le chapelet à Gabes.

Les Nefat sont Hassinia et peuvent monter 300 cavaliers.

Ils se livrent à un grand commerce de laine et possèdent en outre un certain nombre de palmiers aux environs de Gabes, dont ils fréquentent par suite le marché, ainsi que ceux de Sfax et de Kairouan.

Mahadeba. — Les Mahadeba, établis non loin de Gabes, le long de la côte, entre les Mthalith au nord et les Beni Zid au sud, relèvent également du commandement de Gabes.

Ils ont un kaya, un khelifa, et se divisent en trois cheickats différents : les Ouled M'Ahmmed, Rabia et Taifa, dont les Ouled M'Ahmmed sont la plus forte fraction.

Les Taifa demeurent auprès du marabout de Sidi Mahddeb et n'en bougent pas, tandis que les deux autres subdivisions, légèrement nomades, passent l'été près de Gabes et se rapprochent l'hiver du pays des oliviers.

Les Mahadeba appartiennent à l'ordre religieux de Sidi Abdelkader et suivent les préceptes de Sidi Mahddeb, leur aïeul, à qui ils ont élevé une zaouia, et dont l'un des petits-fils est aujourd'hui mokaddem.

Comme descendants d'un saint homme, les Mahadeba sont actuellement exempts d'impôts.

Ils appartiennent au soff Bachia, possèdent 250 cavaliers, et ne se livrent guère à d'autre commerce qu'à celui de la laine.

Ils fréquentent le marché de Gabes, où ils ont du reste un certaine quantité de palmiers.

L'Arad. — Le territoire de l'Arad proprement dit, chef-lieu Djarah, non loin de la mer, renferme deux genres de population bien distincts, l'un stable, demeurant dans les oasis, et dont il sera question plus tard ; l'autre nomade dans les plaines intermédiaires et comprenant, du nord au sud, les Beni Zid et les Ouerghama, que nous allons examiner ici.

Beni Zid. — Les Beni Zid proprement dits

se composent de cinq principales fractions, se subdivisant elles-mêmes, comme d'habitude, en d'autres plus petites.

Ce sont, par ordre d'importance : les Khorja, Chal, Chlarcha, Bougueula et Fatnassa, ces derniers, en grande partie, dans les villes ou les villages.

Cette tribu est installée aux environs d'El Hamma, où les Beni Zid possèdent un certain nombre de maisons et 200,000 palmiers.

Ils s'y fixent en été et en automne, mais s'en éloignent quelque peu dans les autres saisons pour la facilité des pâturages, et campent alors à El Aita, Bahiret Segui, El Hadifa, Deff, Dahar.

Les Beni Zid, comme toutes les tribus querelleuses du sud, n'appartiennent à aucun ordre religieux particulier. Les Chlarcha seuls suivent, toutefois, les préceptes de Si Tidjani et prennent le chapelet de l'ordre auprès d'un mokaddem établi chez eux.

Les Beni Zid, du soff Bachia, constituent une tribu guerrière très-courageuse, très-forte, très-redoutable et plus puissante que les Hammama, quoique pourtant aujourd'hui elle soit loin d'être aussi unie qu'elle l'était jadis. Ils peuvent opposer un goum d'environ 600 cavaliers et un grand nombre de fantassins.

Participant du reste à leur existence aventureuse, unis à eux par des liens multiples d'intérêts communs, faisant, en un mot, partie intégrante de leur soff, il faut compter encore, sans parler des gens des villes, des villages et des oasis, un certain nombre d'autres petites tribus, dont les principales sont : les Hazzem, les Matmath et les gens de Matmata, dans la montagne, puis les Hamarna, Alaia et Akara, dans la plaine et sur la côte, jusqu'à la frontière tripolitaine.

Les Hazzem ne méritent ici aucune mention particulière, non plus du reste que les Matmath, Hamarna et Akara. Ils sont généralement stables; une faible partie d'entre eux toutefois se déplace de temps en temps, à certaines époques, pour le pâturage des troupeaux.

Les Alaia ne sont également qu'une petite tribu, mais ils jouissent dans toute la Régence d'une très-grande réputation d'excessive bravoure.

Les Hamarna, Alaia et Akara sont mélangés de noirs et de blancs, confondus entre eux, sans distinction aucune.

Quant à la ville de Matmata, sise à deux jours de marche de Gabes, sur une montagne élevée et dans une forte position, c'est le lieu principal où, en temps d'insurrection contre le bey, les Beni Zid renferment d'avance leurs grains, leurs réserves et la plus grande partie de leurs biens.

Tous ces gens vont vendre aux marchés de Gabes et d'El Hamma, quelques-uns même jusque dans l'île de Djerbah, les fruits de leurs jardins, ainsi que les réraras, haïcks et burnous qu'ils fabriquent chez eux.

Ouerghama. — Les Ouerghama, forte et puissante tribu, établie au sud de l'Arad, dont ils protégent la frontière contre les pillards tripolitains, habitent successivement la plaine en été et l'hiver la montagne, où presque toutes les fractions ont des villages, désignés sous le nom particulier de Ksar, et qui, suivant le cas, leur servent tout à la fois, ainsi que le nom l'indique, de magasins et de positions défensives.

Le centre de la tribu est à Ksar El Medenin, à moins d'un jour de Matmata, sur la rive droite et à une faible distance de l'Oued Semar.

En raison, du reste, de l'esprit remuant de ces

gens-là, les caïds leur sont toujours envoyés directement de Tunis; les cheicks seuls sont pris parmi eux.

Les Ouerghama, comme les Beni Zid, relèvent de Gabes; ils habitent généralement dans des petites villes ou villages fortifiés, que nous étudierons plus tard.

Une légère fraction du pays de Tripoli, les Ouerghezza, est dernièrement venue se joindre à eux et s'est établie dans la montagne, près la limite des deux pays.

Bien entendu, ces Arabes n'appartiennent à aucun ordre religieux quelconque, à part toutefois une seule petite fraction, les Jlidet, descendants du marabout Sidi Ahmed El Jlidi, qui habitent au village de Jlida, où se trouve une zaouïa consacrée à la mémoire de leur ancêtre.

Il existe encore à Toujen une zaouïa dédiée à Sidi Ahmed Tidjani.

Cette tribu, incontestablement la plus puissante de la Régence, est toutefois trop éloignée et divisée entre elle pour jouer un rôle sérieux et continu dans les affaires intérieures du pays. Elle ne compte que 250 cavaliers, tous montés sur des chevaux, pas de juments, mais elle peut mettre sur pied un nombre considérable de fantassins. La plus grande partie est du soff Hassinia.

Maraudeurs et pillards, toujours en course ou en guerre avec les tribus tripolitaines, ils ne payent au bey aucun impôt, et n'ont d'autre obligation envers la Régence que de garder au sud la frontière tunisienne. Chaque cavalier reçoit même pour cela, tous les ans, une pièce de 50 francs, une gandoura, deux burnous et une paire de souliers jaunes.

Cette tribu des Ouerghama et celle rivale des Beni Zid, à la tête chacune des principales fractions du pays de l'Arad, sont souvent en lutte entre elles.

Il en est de même, du reste, avec les sous-fractions particulières de ces deux grands soffs, et il n'est pas rare non plus de voir deux villages voisins et même des gens d'un même groupe partagés par de vieilles haines ou de fortes rivalités.

Le commerce de cette tribu consiste en réraras, flidjs, moutons, beurre, fruits, dattes et olives.

Il se tient en effet à Ksar El Medenin, tous les lundis de chaque semaine, un grand marché où viennent même par mer les gens de Sfax et de Tripoli.

De leur côté, les fractions nord des Ouerghama vont jusqu'aux marchés de Gabes et d'El Menzel, et celles établies sur la frontière du sud se rendent quelquefois aussi à celui de Tripoli.

Cette ville se trouve en effet assez rapprochée par mer, ou même en prenant le chemin du littoral, mais elle est à quatre jours de marche pour les grandes caravanes qui, ne pouvant suivre la côte, sont obligées pour s'y rendre de passer par la route tracée à l'ouest du lac des Bibans.

Cette tribu est la dernière de la Tunisie; les Arabes habitant l'île de Djerbah, vis-à-vis les Ouerghama, et divisés en dix petites fractions, n'ont en effet, comme tribu, aucun caractère particulier, et, à ce point de vue, ne méritent pas d'être cités ici.

Administration. — A l'exception des Fréchiches et des Mejers, qui communiquent directement avec Tunis, toutes ces tribus relèvent des quatre grands commandements qui partagent ce pays et qui sont sur la côte : Soussa, Sfax et Gabes; à l'intérieur Kairouan, rattaché du reste, en outre, au Djérid tunisien.

Les Zlaas dépendent de cette dernière ville, les

Souassi et les Ouled Said de Soussa, les Mthalith de Sfax, les Nefat, Mahadeba, Beni Zid et Ouerghama du gouverneur de Gabes.

Telles sont les différentes tribus éparses çà et là dans toute l'étendue de cette contrée.

CHAPITRE III

VILLES

§ 1er. PREMIÈRE ZONE (LITTORAL)

Nous allons maintenant, en suivant les côtes du nord au sud, examiner successivement les diverses villes, bourgs ou villages de quelque importance qui existent dans la première des deux zones que nous avons indiquées.

Les points à citer à partir du cap Bon, dans le nord de Dakhelet El Mahouin, sont d'abord, près de la mer, le marabout de Si Mohamed Cherif, puis, sur la côte, plusieurs enchirs successifs, mais sans grande importance particulière.

Le hameau de Zamour, situé dans ces parages, est un peu plus loin dans l'intérieur des terres.

Kelibia, petite ville d'environ un millier d'habitants, située à près de 2 kilomètres de la mer;

son mouillage, bon et assez sûr, est dominé au nord par une vieille citadelle située sur un plateau où s'étendait jadis l'acropole de l'ancienne cité qui, contrairement à la ville moderne, avait été autrefois bâtie sur le bord même de la mer Méditerranée.

On en retrouve, du reste, encore aujourd'hui quelques vestiges épars çà et là, et les anciennes carrières, d'où sortirent autrefois les matériaux destinés à la bâtir, sont toujours visibles près de Ras El Melah.

La citadelle, malgré son mauvais état d'entretien, n'en occupe pas moins une excellente position militaire. Elle renferme en outre de fort belles citernes qui, malheureusement mal entretenues, ne contiennent aujourd'hui, malgré leur excellent aménagement, aucune eau réellement potable.

Indépendamment de cette citadelle, la ville possède encore une batterie basse près de la mer.

Kelibia, jadis *Aspic* ou *Clypea*, fut, sous les Carthaginois, prise une première fois par Agathocle, puis Régulus s'en empara à son tour au commencement des guerres puniques. Ayant ensuite recouvré sa liberté et énergiquement résisté aux Romains, lors des événements qui précédèrent la chute de Carthage, *Clypea*, sous la domination romaine, qu'elle reconnut pourtant, figura plus tard parmi les évêchés de l'Église d'Afrique.

Les gens de Kelibia sont du soff Bachia.

Menzel-Temine, à 3 lieues de Kelibia, renferme de 1,400 à 1,600 habitants. C'est un beau bourg, entouré de magnifiques jardins et situé au milieu d'une campagne parfaitement cultivée, grâce, il est vrai, à l'eau qui s'y trouve en abondance, le terrain étant par lui-même d'une nature très-peu fertile.

Les habitants, comme ceux de Kelibia, sont également Bachia.

Signalons en passant, à Oum El Douil et Bir Messaoud, quelques gourbis qui méritent à peine le nom de village.

Courchine, 30 maisons environ, situé sur un plateau à près de 2 lieues de la mer, où l'on trouve comme curiosité quelques mauvaises ruines romaines.

Non loin de là, près de l'Oued Beliess, existe encore un autre groupe de quelques maisons.

Kourba, à 6 lieues de Menzel Temine, est un bourg de 1,500 habitants, séparé de la mer par une petite sebkha, entouré de jardins et bâti sur les pentes de deux collines au milieu desquelles coule un torrent qui traverse ainsi ce pays.

On y voit encore, comme souvenirs d'un autre âge, quelques citernes, les traces d'un ancien aqueduc, et, à l'extrémité de son torrent, les vestiges presque disparus d'un vieux port.

Les carrières de l'ancienne ville sont situées non loin de là dans les flancs d'une colline voisine, et elles étaient, d'après leur disposition particulière, autrefois exploitées à ciel ouvert.

Kourba, l'ancienne *Curubis* des anciens, fut successivement sous les Romains une ville libre, puis une colonie et enfin, lors du triomphe de l'Église chrétienne, un évêché d'Afrique.

Ses habitants sont aujourd'hui du soff Bachia.

Les petits villages voisins et peu intéressants de Batchoun et de Zerga, dans la montagne ou au pied, et celui de Soma, au milieu de plantations d'oliviers, apparaissent non loin de là.

Mahmour n'est aussi qu'un petit village à environ 3 lieues de Kourba; mais ses environs méritent cependant d'être cités, à cause des belles cultures que l'on y rencontre.

Il existe en outre auprès quelques cavernes fort

intéressantes à visiter, les unes à ciel ouvert et les autres couvertes, mais en revanche beaucoup plus curieuses. Ces dernières, en effet, renferment dans leur intérieur un certain nombre de grottes sépulcrales.

Celui des Beni Khiar, situé sur les bords de la mer, est un peu plus important; il a près de 1,000 habitants, un grand nombre d'oliviers et de magnifiques jardins. Il renferme en outre une zaouia dédiée à Si Abdelkader, dont ses habitants suivent les préceptes religieux.

Ils sont de plus du soff Hassinia.

A une lieue et demie des Beni Khiar et à un jour de mulet de Tunis est la charmante ville de Nabel, aux rues bien percées, aux magnifiques jardins d'oliviers, remplis non-seulement de superbes arbres fruitiers, mais encore de fleurs de toutes sortes, et parsemés çà et là d'élégantes maisons de plaisance. Son fertile territoire présente au delà des champs parfaitement cultivés; son site est séduisant, sa température remarquablement douce et réputée dans toute la Régence pour l'air pur et sain que l'on y respire. Située à 2 kilomètres de la mer, elle renferme une population d'environ 3,400 habitants, généralement à leur aise; son commerce de poterie est considérable, et les produits qu'il fournit, très-réputés en Tunisie, sont en outre exportés jusqu'à Tripoli et même en Algérie.

On y fabrique aussi de belles étoffes de laine et des couvertures très-estimées, d'une confection analogue, mais inférieure cependant, à celles du Djerid.

L'intérieur de la ville renferme plusieurs mosquées ou zaouias, quelques bazars et une grande place centrale.

Nabel n'a pas de cheick particulier; elle est administrée par un caïd, ayant un khelifa sous ses ordres.

On y compte quatre quartiers distincts : 1° celui d'Haoumet El Balin, dont les habitants, qui sont Quadria, ont une zaouia dédée à Sidi Mahouia Cheref et desservie par un mokaddem.

2° Le quartier d'Haoumet Rbot, de l'ordre des Aïssaouia, avec un mokaddem et une zaouia dédiée à Sidi M'Ahmmed ben Aïssa.

3° Haoumet El Mragued, même ordre religieux et même mokaddem du reste que le précédent.

4° Enfin, Haoumet El Gueblia; ce dernier quartier, de même ordre religieux que les deux autres, a toutefois un mokaddem différent et une zaouia, dite d'El Azzouzia.

Près de la cité moderne sont les ruines de l'ancienne *Neopolis* qu'a jadis détruite le même torrent qui menace aujourd'hui les constructions de Nabel, et contre lequel aucune mesure sérieuse n'est encore prise.

Nabel, détruite et rebâtie par les Arabes, fut jadis une colonie romaine et puis un évêché. Elle fait aujourd'hui partie du soff Hassinia.

A 3 lieues de là est Hammamet, petite ville maritime sans importance aucune, bâtie au sommet d'une roche, sur une langue de terre s'avançant dans la mer. Elle est entourée d'une mauvaise chemise, flanquée çà et là de quelques tours carrées, et munie à l'un de ses angles d'une misérable casbah. Sa population est faible, et, malgré un certain nombre d'habitants qui demeurent dans ses jardins, ceux-ci sont néanmoins assez mal entretenus.

Les gens d'Hammamet du soff Hassinia, comme ceux de Nabel, appartiennent généralement à l'ordre religieux des Aïssaouïa. Leur zaouia est dite de Sidi Bou Hadid, et le mokaddem est le cheick même du pays, dont la famille est du reste la plus importante d'Hammamet.

Dans les environs existent quelques ruines romaines, entre autres celles de Ksar ez Zitoun, jadis *civitas Siagitana*, et de Souk El Abiod, très-probablement *Putput*, auxquelles un aqueduc, aujourd'hui détruit, mais dont il reste cependant quelques vestiges, amenait jadis les eaux de trois sources peu éloignées, connues sous le nom générique d'Aïn El Faouerd.

Un peu plus haut, sur la route de Tunis, existe en outre un enchir qui, sous le nom d'El Meden, renferme les débris de l'ancienne *Aurelia Vina*, autrefois municipe et évêché. Puis vient une localité particulière à laquelle les Arabes ont donné la dénomination spéciale d'El Arbaïn, et qui présente en effet une réunion de quarante tombes distinctes, où sont ensevelis, dit-on, quarante croyants fidèles, morts jadis pour la cause de l'islam, en combattant les chrétiens.

A près de 2 lieues d'Hammamet est Bir Bouita, où existe actuellement un assez beau fondouk.

Ksar El Menara, que l'on rencontre ensuite le long de la côte, serait, au dire des gens du pays, un ancien phare des temps passés.

Au sud-ouest de ce Ksar, et auprès de quelques ruines romaines, se dresse, au milieu de plusieurs gourbis, la qobba de Sidi Khelifa (*Aphrodisium*), près de la sebkha de ce nom, et non loin d'une belle source connue sous le nom d'Aïn El Hallouf.

Le petit village de Djerad, bâti à l'ouest, dans la montagne, sur un point rocailleux, n'en est pas non plus très-éloigné. Il est entouré de figuiers de Barbarie, et renferme en outre une petite zaouia.

A quelque distance de Djerad est Zeribia, également dans les montagnes, et qui relève de même du commandement de Soussa.

Le long de la côte s'étendent ensuite les plaines de la Djeriba et de Néfida, ainsi que la sebkha d'Herglea ou de Djeriba.

Au nord, et à environ 4 lieues de Djerad, sont les ruines aujourd'hui peu marquées de Botria, jadis l'*oppidum Botrianense*, où vécut autrefois l'évêque Donat. A côté existe actuellement une source d'eau chaude, connue sous le nom d'enchir El Hammam, et réputée très-bonne dans le pays pour les maladies cutanées.

A 4 lieues au sud de Sidi Khelifa apparaît,

entouré de figuiers de Barbarie, au sommet d'une montagne du même nom, le petit village de Takhouna, dont les habitants sont, faute de citernes ou réserves quelconques, obligés d'aller chercher l'eau dans un puits romain creusé au bas de leur montagne.

A mi-chemin entre Sidi Khelifa et Takhouna se trouvent, à Enchir Phrara, les ruines d'une ancienne citadelle byzantine.

Takhouna lui-même n'est peut-être autre chose que l'ancienne *Aggersel* des Romains.

Herglea, ancien entrepôt de céréales, que l'on rencontre ensuite sur le golfe d'Hammamet, n'est aujourd'hui qu'un pauvre village d'environ 700 habitants. Comme toutes les localités du Sahel, il est entouré de jardins plus ou moins bien entretenus : son sol, quoique sablonneux, est bon cependant.

Deux petites bourgades sans importance, connues sous les noms de Sidi-bou-Ali et de Zembra, existent au sud-ouest d'Herglea, de l'autre côté de la Sebkha.

Soussa, à quatre jours de Tunis pour les caravanes, chef-lieu d'un des arrondissements les plus peuplés de la Régence, poste de consuls européens et ville maritime, renferme dans ses murs une population dont une grande partie est étrangère, et parmi laquelle les Français dominent. Elle est propre et bien bâtie; ses rues sont larges, ses jardins bien entretenus, avec quelques maisons de campagne au milieu, et ses environs couverts d'une grande quantité d'oliviers, dont l'huile est, du reste, le principal commerce du pays. Elle a, il est vrai, peu d'eau courante, mais l'Oued Laya conserve néanmoins un cours souterrain qu'il serait facile d'utiliser. Une eau de puits assez saumâtre est donc pour ainsi dire la seule actuellement employée. Soussa renferme plusieurs mosquées et zaouias, une chapelle catholique, une synagogue, quelques écoles, un marché couvert; elle a près de 7,000 habitants. Le gouverneur de Soussa, presque toujours à Tunis, est alors remplacé par un khelifa.

L'enceinte crénelée, mais sans fossé, est percée de trois portes : Bab-El-Gharbi, Bab-El-Bahar et Bab-El-Jdid, dont les noms indiquent suffisamment de quel côté de la ville elles donnent accès, ou l'époque récente à laquelle la dernière a été depuis peu construite.

Près de Bab-El-Gharbi, au point culminant, se

trouve une casbah à hautes murailles, munie seulement de quatre canons, mais contenant une tour où sont enfermées les poudres de l'État. On pénètre dans cette citadelle par une porte spéciale, dite Bab Ghdar.

Trois forts particuliers, ou bastions, défendent la place; ce sont ceux de Bordj Flifel, muni de vingt canons; de Bordj-bab-El-Bahar et de Bordj-bab-Jdid, armés chacun de sept pièces.

On compte en outre dans la ville cinq quartiers distincts : 1° celui d'Haoumet Sidi Abdesselem, de l'ordre religieux des Sellamia, avec une zaouïa dédiée à Sidi Abdesselem et un marabout du nom d'Abdesselem Ben Abdesselem.

2° Celui d'Haoumet Sidi Ben Ghaoui, avec une zaouïa du même nom, dont un des descendants de ce marabout est aujourd'hui mokaddem. Les habitants, de même que les précédents, sont également Sellamia.

3° Le quartier d'Haoumet Djebban El Gharba, de l'ordre des Aissaouia, avec une zaouïa dédiée à Sidi Mahfoud et un mokaddem spécial.

4° et 5° Les quartiers d'Haoumet-bab-El-Gharbi et Haoumet-bab-El-Bahar, sans ordre religieux particulier.

Le commerce de Soussa est assez important, bien que sa rade ne soit pas sûre; on en exporte annuellement une grande quantité d'huile d'olive ou de savons, quelques laines, des céréales.

Soussa est l'*Hadrumète* des anciens, jadis capitale de la *Byzacène*, colonie romaine sous Trajan, évêché un peu plus tard. Démantelée lors de l'invasion vandale, puis relevée par Justinien, elle fut ensuite prise par les Arabes et refortifiée par eux du temps de Ziadet ben Aglab. La flotte de Charles-Quint, sous la conduite d'André Doria, s'en empara en 1537. Les Français en 1670, puis les Espagnols au siècle dernier, la bombardèrent successivement.

Le pays est aujourd'hui du soff Bachia.

A 1,600 mètres environ de Soussa est la zaouia dite de Sidi Ameur El Mzouri, dont les habitants suivent les principes religieux du marabout leur ancêtre. Auprès de son tombeau s'est élevé depuis le petit village d'El Hammada.

Hammam Soussa, à 6 kilomètres au nord, est une source autour de laquelle s'est bâti un petit village d'à peu près 1,500 âmes.

Les gens de Soussa et des environs y vont à certaines époques prendre les bains.

Sur la route de Monestir, à une dizaine de kilomètres de Soussa, s'élève, au bord de la mer, le petit village d'Aouinet Sahlin. Les habitants du soff Hassinia dépendent, au nombre de 1,500 environ, du commandement de Soussa, mais ont néanmoins un khelifa particulier et deux cheicks distincts, administrant chacun la moitié de la ville.

On compte dans cette localité quatre quartiers différents : 1° celui de Haoumet El Guessaa, le plus riche de la ville, de l'ordre des Aissaouia, avec une zaouia dite de Sidi Nasser, où se font d'assez grandes aumônes. Il y existe un cheick et un mokaddem de l'ordre.

2° Celui de Haoumet Rmila, du même ordre religieux que le précédent, même cheick, même mokkadem.

3° Le quartier d'Haoumet Debdeb, de même organisation religieuse que les deux premiers, a de plus une zaouia dédiée à Sidi Abdel Akrim, ancien marabout venu jadis de l'ouest de l'Algérie, et en l'honneur duquel se pratiquent de larges aumônes.

4° Enfin, celui d'Haoumet Lota, semblable aux précédents sous le rapport religieux et possédant en outre une zaouia particulière et très-hospitalière, dite de Sidi Mousbah ben Nasseur.

A 12 kilomètres plus loin est Monestir, ville maritime, suffisamment propre et bien bâtie, située à l'extrémité d'une presqu'île en pointe sur la mer, et renfermant dans ses murs sans fossés, mais flanqués de tours néanmoins et percés de cinq portes, des mosquées, des zaouias, des écoles et une population d'environ 6,000 âmes.

Monestir, arrondissement administratif comme Soussa, est, de même que ce dernier district, admirablement peuplé ; ses environs en sont même plus agréables et son port meilleur.

Le mouillage qui existe à 2 kilomètres au sud est, en effet, satisfaisant et pourrait même devenir un assez bon port à l'aide de quelques travaux facilement exécutables, par suite de trois petites îles situées en ces parages, à quelque distance de la côte, et connues sous les noms particuliers de Dzeziret El Hammam, Dzeziret Sidi Abbou et Dzeziret El Oustania, au milieu desquelles se fait encore à certain moment la pêche du thon.

La ville est environnée de jardins où domine l'olivier, mais où croissent aussi des palmiers en certaine quantité.

Monestir est entouré par quatre faubourgs qui sont : 1° celui de Rbat-bab-El-Gharbi, de l'ordre religieux des Sellamia, avec une zaouia dédiée à Sidi Abdesselem, et un mokaddem, bien que ses habitants prennent cependant à Soussa le chapelet particulier de l'ordre.

2° Le faubourg de Rbat-bab-El-Bahar, de la secte religieuse des Aouamria; les indigènes de ce lieu reçoivent le chapelet d'un des membres de la famille du fondateur de cet ordre.

3° Celui de Rbat-bab-Sidi-El-Mazri, dont les Arabes de l'ordre des Quadria ont un mokaddem spécial et une zaouia dédiée à Sidi Abdelkader.

4° Enfin, le faubourg de Rbat-El-Guebeli, de l'ordre religieux des Aissaouia, avec une zaouia élevée en l'honneur du fondateur de cette secte, et un mokaddem spécial. Ils vont néanmoins prendre le chapelet à Aouinet Sahlin.

Monestir ou Mistir, comme disent les Arabes, n'a aucun cheick particulier; elle est sous la direction immédiate d'un caïd spécialement désigné pour cet emploi.

La ville, défendue par plusieurs forts, dont deux à l'extérieur, contient en outre une casbah dans son enceinte et près des remparts.

Par la distribution particulière de ses jardins, par suite des faubourgs qui l'environnent et eu égard à la disposition spéciale de ses murs et de ses bastions, Monestir se prêterait aisément à une défense irrégulière analogue à celles que nous avons si souvent rencontrées autrefois dans nos luttes en Algérie.

Au point de vue historique, cette ville est l'ancienne *Ruspina*, où débarqua jadis Jules César, lors de ses guerres d'Afrique. Elle ne paraît pas avoir joué un rôle politique bien important; on sait seulement qu'à deux reprises différentes elle fut enlevée d'assaut par les troupes espagnoles, sous le règne de Charles-Quint.

Actuellement son commerce est tout à fait identique avec celui de Soussa. Comme cette dernière ville, elle fait également partie du soff Bachia, ainsi du reste que la plus grande partie du Sahel.

De Monestir, en suivant la côte, on arrive, après la zaouïa de Sidi Saghouani, au village de Kheneis, à quelque distance duquel se trouve, à 3 kilomètres dans les terres, sur une petite colline, celui de Ksiba El Mediouni; non loin de ce dernier sont d'anciennes carrières encore exploitées aujourd'hui. Ils ont à eux deux environ 1,600 habitants.

Ceda, près de la mer, où furent autrefois enterrés plusieurs princes de la dynastie de Zeyrites.

Sur les bords de la Méditerranée apparaît ensuite l'ancienne *Leptis minor*, jadis ville libre, puis évêché, détruite lors de l'invasion arabe et en partie rebâtie aujourd'hui sous le nom de Lemta; 350 habitants.

Le gros bourg de Teboulba, situé sur un fertile territoire; 2,000 habitants, mosquées, zaouias, écoles.

Dimas, près des ruines de l'ancienne *Thapsus*, sous les murs de laquelle César remporta sa grande victoire sur Scipion et Juba. On remarque dans les environs quelques traces de citernes, certains débris d'aqueduc, des vestiges d'une grande jetée.

Thapsus, jadis ville libre et évêché, fut, comme Lemta, détruite à l'époque de la conquête arabe. Le village qui s'est élevé depuis à côté de son ancien emplacement est actuellement fort peu important.

A une lieue de là existe, à l'ouest, le beau

bourg de Bokalta, aujourd'hui plus grand que celui de Teboulba. Il renferme près de 3,000 habitants, plusieurs mosquées, zaouias et écoles. Son fertile territoire est peut-être le mieux cultivé de tout le Sahel tunisien.

La petite ville de Moukenine, située non loin de là, au milieu de superbes jardins, près de la sebkha de Sidi ben Nour, renferme également cinq ou six mosquées et autant de zaouias et d'écoles. Elle a environ 4,000 habitants.

Quelques petites localités telles que Ksar-El-Hal, Menara, Benan et Bou Hadjar existent encore dans ses environs.

Mahadia, à 8 lieues de Monestir, s'élève, comme cette dernière, sur la pointe d'une presqu'île, plus petite toutefois. Elle renferme plusieurs mosquées, cinq zaouias et quatre écoles.

Mahadia est, comme Soussa, un des arrondissements administratifs de la Régence. On y compte 7,000 âmes de population, dont la plus grande partie habite dans les jardins. Son mouillage, situé au sud, est assez bon, mais la presqu'île même renferme un ancien port qu'il serait, à peu de frais, facile de rendre aisément praticable.

Cette ville est administrée par un caïd, ayant

sous ses ordres un khelifa destiné à le suppléer ou à le remplacer en cas d'absence, et indépendamment duquel existe, en outre, un cheick investi.

On distingue quatre quartiers, qui sont ceux de : Rbat Skifat El Calaa, Rbat Chott, Rbat El Casbah et Rbat El Gharbi.

La ville est de l'ordre religieux des Aissaouia, que représente dans le pays un cheick particulier.

Mahadia, indépendamment de sa casbah qui s'élève au point dominant, a chacun de ses quartiers défendu par un fort spécial suffisamment armé de canons, malheureusement, il est vrai, en fort mauvais état.

Au point de vue historique, Mahadia fut jadis fondée en 912 sur les ruines d'une vieille ville romaine par Obeid Allah El Mahdi, qui lui donna son nom. Prise en 1147 par les Siciliens à l'époque de leurs grandes conquêtes en ce pays, reprise treize ans après par les musulmans, elle fut vainement assiégée ensuite par le duc de Bourbon, puis par Pierre de Navarre en 1390 et 1519. En 1531, elle fut enlevée d'assaut par les Espagnols qui, obligés peu après de l'évacuer, en détruisirent les remparts en partant. Mahadia ne s'est jamais relevée de cette dernière occupation, et cette ville, jadis importante, autrefois le principal entrepôt de Kairouan, n'a cessé dès lors de végéter depuis cette époque.

Un sanctuaire musulman élevé non loin de là, auprès d'anciennes carrières jadis exploitées, a longtemps passé dans le pays pour le tombeau de son fondateur.

Cette ville du soff Bachia, comme les précédentes localités parcourues, a un commerce d'huile assez important.

Après Mahadia, on rencontre, sur la route de Sfax, les carrières de Sidi Bou Rdjidj, qui auraient, dit-on, servi à construire autrefois l'amphithéâtre d'El Djem.

Encore un peu plus loin, à 3 lieues de Mahadia, s'élève, au milieu d'un fertile terrain et de nombreuses plantations d'oliviers et de jardins, le gros bourg de Soursef, d'une population d'environ 4.300 âmes. On y compte quatre quartiers différents, administrés chacun par un cheick particulier, sous la haute direction d'un caïd spécial; plusieurs mosquées, zaouias et écoles.

Ces quartiers sont ceux de : 1° Ank El Djemel, de l'ordre des Aissaouia, avec un mokaddem et une zaouia dédiée à Si Ali. Ses habitants prennent à Tunis le chapelet de l'ordre.

2° Haoumet Ramla, de l'ordre des Sellamia, avec un mokaddem et une zaouia dédiée à Sidi Tahar El Mzouri.

3° El Kettanin, de la secte des Rahmania, avec un mokaddem et une zaouia dite de Lella Hena. Ses habitants prennent au Kef le chapelet de l'ordre.

4° Haoumet El Hares, de l'ordre des Aissaouia. Ceux qui y demeurent prennent le chapelet à Tunis, bien qu'ayant également un mokaddem au milieu d'eux.

Les gens de ce pays sont du soff Bachia.

Le village d'Ourdiche, sans importance, 200 à 300 habitants seulement.

Selecta, bourg situé sur la mer à la même distance de Mahadia que Soursef, est l'ancienne *Syllectum* des Romains et renferme un certain nombre de ruines ainsi que quelques traces de son ancien port.

C'était jadis une ville forte, de peu d'importance il est vrai, mais qui plus tard, comme bien d'autres, devint cependant un évêché, les évêques étant loin d'avoir à cette époque l'autorité et le prestige dont ils ont été depuis investis. Au point de vue des souvenirs historiques, c'est la première étape de Bélisaire dans sa marche de *Caput Vada* sur Carthage.

On trouve également quelques ruines, un peu plus au sud, à Enchir el Alia, l'ancienne *Acholla*, autrefois évêché.

Avant d'arriver au promontoire de Ras Capoudia, dans le temps *Caput Vada*, où est aujourd'hui situé le fort de Khédidja, on rencontre le petit village de Chabbah, auprès duquel est le hameau de Sbia; ils sont commandés par trois cheicks distincts et portent le nom de Chbainiah.

Tous deux, quoique situés dans un territoire assez fertile, n'ont cependant qu'une population insignifiante. Ils sont entourés d'oliviers et de cactus gigantesques.

Bordj Khédidja, à l'extrémité du promontoire de Ras Capoudia, n'est autre chose qu'une mauvaise tour récemment construite et sans importance aucune. C'est là que débarqua, lors des guerres du Bas-Empire, le général Bélisaire.

Une ville romaine s'éleva peu après sur l'emplacement du camp retranché qui y avait été alors habilement construit, et la nouvelle cité prit, par reconnaissance pour son fondateur, le nom de *Justinianopolis*.

Après cette tour apparaissent, sur la côte et tout près de la mer, le petit village d'El Louza, dont les habitants sont des Mrahia, gouvernés par un cheick spécial et n'appartenant à aucun ordre religieux; ceux de Belliana et d'Inchalla, celui-ci jadis l'évêché d'*Usilla;* un peu plus à l'ouest, ceux de Melloulèche, Azèque, Djebeliana et El Kharbia, généralement entourés d'assez belles plantations d'oliviers. Ces deux derniers villages sont composés de maraudeurs; celui de Djebeliana a deux cheicks et Kharbia un, mais sans aucune influence particulière.

Un grand nombre de ruines d'anciens châteaux existent, en outre, entre Bordj Khédidja et Sfax, indépendamment du reste d'une grande quantité de vieux marabouts très-vénérés, sous la protection desquels ce pays est placé, et dont les blanches qobbas s'élèvent en de nombreux endroits.

Sfax, située au milieu de jardins fort étendus, couverts d'oliviers, d'amandiers, de pistachiers et de figuiers, renfermant, en outre, quelques palmiers de médiocre qualité, beaucoup de raisins et une grande quantité de concombres dont elle tirerait, dit-on, son nom arabe de Sfakes, est une des villes les plus importantes de la Régence.

Ses jardins sont tous entourés de murs, et chacun de ces enclos a un puits particulier destiné à ses irrigations et aussi une maison où vont habiter, au moment des fortes chaleurs, les gens de la ville. Ces jardins, quoique répandus tout à l'entour, laissent cependant un certain emplacement libre autour de la place.

Celle-ci est divisée en deux parties bien tranchées, séparées du reste par une enceinte particulière, la ville haute, destinée aux musulmans, et la ville basse, habitée par les juifs et les Européens, composés seulement de Maltais.

Les murs de Sfax sont défendus par plusieurs forts ou bastions armés de canons, et qui portent les noms de : Bordj Sidi Mansour El Hadjar, Bordj Ressas, Bordj Hauar el Casbah, Bordj Ennar, Bordj Téprana, Bordj Rbat, Bordj Setti Messaoud et Bordj el Ksar.

La ville a, en outre, une casbah; elle renferme aussi plusieurs mosquées, zaouias, bazars et écoles, une paroisse catholique, une synagogue et un couvent des sœurs de Saint-Joseph. Sa population est d'environ 9,000 habitants.

Sfax est de plus divisé encore en quatre quartiers :

1° Celui d'Haoumet El Ksab, de l'ordre des Chadlia, un mokaddem ;

2° Haoumet Hart Snah, de la secte des Sellamia, un mokaddem ;

3° Haoumet Dribet Sbat Sbahi, aissaouia, un mokaddem et un cheick religieux ;

4° Haoumet Setti Messaouda, de la secte des Aouamria, analogue à celle des Aissaouia ; aussi ont-ils le même cheick religieux que le précédent quartier ; ils ont toutefois un mokaddem distinct.

Chacun de ces quartiers est sous la surveillance spéciale d'un cheick relevant du caïd de la ville. Celle-ci est en grande partie du sof Bachia ; il y existe cependant quelques Hassinia dans les deux premiers quartiers, surtout celui d'Haoumet El Ksab.

La ville n'a guère d'autre eau que celle des puits et des citernes, ou bien encore celle recueillie à quelque distance de ses murs dans de grands réservoirs destinés à rassembler l'eau des pluies.

On y fait chaque année un grand commerce d'huiles, d'éponges, de laines, de poulpes, de poissons secs et de dattes du Djerid.

Au point de vue historique, Sfax ne rappelle à l'esprit aucun souvenir particulièrement intéressant. Jadis évêché sous le nom de *Tuphrura*, à l'époque romaine, elle subit lors de la domination arabe les mêmes alternatives de fortune que ses voisines Soussa, Monestir et Mahadia, et elle fut, ainsi qu'elles, soumise à diverses reprises par les armes siciliennes ou espagnoles. La marée, presque insignifiante dans la Méditerranée, y est en ce point très-sensible, depuis Ras Capoudia du reste jusqu'à Tripoli.

Avant de continuer la côte vers Gabès, énumérons d'abord les pays situés sur la route directe de Soussa à Sfax par l'intérieur des terres.

De Soussa partent, dans cette direction, deux routes différentes qui n'en forment plus qu'une seule à partir du petit village de Bou Merdès.

La première route passe un peu à l'est, par Djemmel, au sud de l'O Agaril.

C'est un gros bourg de plus de 4,000 habitants, commandés par un khelifa du caïd de Soussa. Djemmel, du soff Bachia, se compose de quatre différents quartiers, dont les habitants suivent l'ordre religieux des Aïssaouïa. On y trouve plusieurs mosquées, zaouïas ou écoles.

Entre Djemmel et la route de la côte est le petit village de Touza; avant d'arriver à Bou Merdès, on trouve encore le hameau des Beni Hassan, auprès duquel est la belle source d'Aïn Zerguine; 350 habitants environ.

La seconde route passe plus à l'ouest, par Fratat, petite zaouïa insignifiante, et Ouerdenine, grand village très-étendu au milieu de beaux jardins et de magnifiques plantations d'oliviers.

Ce pays est sous la direction d'un khelifa particulier.

Les habitants d'Ouerdenine, cultivateurs, commerçants et pasteurs, appartiennent à l'ordre religieux des Aïssaouïa, dont ils ont, du reste, un mokaddem parmi eux.

Sur cette route, on rencontre ensuite le village de Menzel Kemel, de mœurs hospitalières et douces, renfermant environ 400 habitants, du soff Bachia. Il est situé au milieu de nombreux vergers et de superbes oliviers. Cultivateurs, commerçants et pasteurs, les habitants de Menzel sont, comme les précédents, administrés de même par un khelifa spécial. Ils ont une zaouïa dédiée à Sidi Ben Aïssa, dont ils suivent les préceptes religieux et dont leur khelifa remplit même vis-à-vis d'eux les fonctions de mokaddem de l'ordre.

Zeremdine, toujours sur cette même route, mais un peu plus au sud, est un village analogue aux précédents, de mêmes mœurs et de mêmes coutumes, cultivant tout à la fois la terre et l'olivier, et se livrant aussi à l'élevage des troupeaux ; 300 habitants.

On trouve aux environs une belle carrière de plâtre.

Bou Merdès, village sans importance, du même genre que les précédents ; 150 habitants. Les embranchements de la route de Sfax s'y réunissent et ne forment plus dès lors qu'une même voie à dater de ce point.

El Djem, situé au milieu d'une plaine inculte, est un village d'environ 800 habitants, près duquel s'élève le magnifique amphithéâtre qui porte son nom.

Ce monument, de 30 mètres de haut, est construit en blocs de grès, à trois rangs d'arcades superposées, son dernier étage surmonté d'un attique.

Il est parfaitement conservé, sauf un pan de mur renversé au XVIIe siècle par le sultan Mohamed Bey, qui voulait, au dire de la chronique, forcer dans leur dernier retranchement des Arabes insurgés.

Ce fut aussi le refuge, à une autre époque, de la fameuse reine Damiah, surnommée la Kahina, ou devineresse, qui y fit, dit-on, construire cet immense souterrain aujourd'hui obstrué, mais qui autrefois conduisait, paraît-il, jusqu'à la mer, si l'on en croit les gens du pays.

Cet amphithéâtre est attribué à Gordien l'ancien, qui, s'il ne le fit pas achever, le fit probablement tout au moins commencer. Les deux Gordien furent en effet sacrés empereurs dans ce pays, auquel ils portèrent toujours dans la suite un très-grand intérêt.

On trouve sur la façade de ce monument des inscriptions berbères et arabes assez faiblement gravées et entremêlées de sabres et de yatagans.

Il existe autour quelques citernes et réservoirs délabrés. C'est à peu près tout ce qui reste aujourd'hui de l'ancienne *Thysdrus*, autrefois ville libre et colonie romaine, et dont cet amphithéâtre semble attester l'antique splendeur.

La terre avoisinante renferme une certaine quantité de salpêtre, actuellement utilisé par les gens du pays pour la fabrication d'une poudre assez médiocre.

D'El Djem partent de nouveau deux routes différentes, l'une directe vers Sfax, à travers quelques collines et des ruines de toutes sortes; l'autre, tracée par Djébéliana, traverse l'ancienne *Bararus*, autrefois municipe, puis évêché, actuellement connue sous le nom d'Enchir Rouga, et passe par le puits de Bir Koum Mahen, où réside généralement la smala du caïd des Mtalith.

De Sfax à Mahrès on rencontre sur la côte Thina, près des ruines de l'ancienne *Thenæ*, autrefois colonie, puis évêché, et d'où partait jadis ce fameux fossé qui, de ce point jusqu'à la Thucca, séparait de la Numidie, alors encore indépendante, le territoire déjà soumis à la domination romaine.

Le village de Nokta et celui d'El Mahrès; on fabrique dans ce dernier des objets de vannerie en jonc et en alfa.

Sur le bord de la mer, entre la côte et le cours de l'Oued Fekka, il convient de citer, mais pour mémoire seulement, un grand nombre de ruines romaines, ou tombes de marabouts qu'on y a depuis élevées, mais qui n'ont aujourd'hui, les unes comme les autres, aucun intérêt général ou particulier, historique ou actuel.

Sur la côte, de Mahrès à Tripoli, on rencontre d'abord, au milieu de plaines d'alfa, les ruines d'Oungua *(Macomades Minor)*, jadis évêché, puis après l'Oued Tarf El Ma, l'oasis d'Aiounet, ainsi que celles d'Ouderef, du soff des Beni Zid, et de Metouia, du soff des Ouerghama, sises toutes trois dans un fertile territoire arrosé d'eaux courantes; Ouderef et Metouia sont séparées par une très-grande rivalité.

Le hameau de Bou Chemma, petite oasis à 2 lieues plus loin, au milieu d'une sebkha, vient ensuite; les gens de ce dernier village sont en partie chameliers, comme ceux de Sfax.

A hauteur de Bou Chemma est à l'ouest, au milieu de la tribu des Beni Zid, à laquelle elle appartient, l'oasis d'El Hamma, réunion des villages d'El Ksar, Dabdaba, Soumbat, Zaouiet El Madjebah et Bou Atouche, qu'arrose l'eau courante de quatre sources chaudes différentes. Cette oasis s'est en effet élevée auprès des ruines des anciennes *Aquæ Tacapitanæ*, où, du reste, existe encore aujourd'hui un établissement thermal.

La route qui d'El Hamma conduit ensuite plus

à l'ouest au pays de Nefzaoua est parsemée de ruines d'anciens postes militaires.

Gabès, réunion d'un groupe de magnifiques oasis, apparaît après. Ce pays est composé de plusieurs villages généralement assez malsains, dont les principaux sont ceux de Djarah, Menzel et Chenenni.

Les deux premiers sont construits avec des débris de blocs antiques, à droite et à gauche d'un des deux bras d'un oued, dont le second passe par Chenenni. De cette rivière part un nombre infini de canaux dont les eaux vont arroser les splendides jardins du pays, parmi lesquels de magnifiques cactus séparent, par les haies qu'ils fournissent, chacune des propriétés existantes.

Le petit port de Gabès est à l'embouchure de l'oued, entre Djarah et Menzel, mais il est presque insignifiant, et la plupart des navires sont forcés de mouiller à Tarf El Ma.

Les jardins de Gabès sont supérieurement entretenus ; on y cultive la vigne, des arbres fruitiers de toutes sortes, le lotus, la garance et le henné, dont Gabès fait en même temps un assez grand commerce.

On y fabrique en outre une assez bonne eaude-vie de palmiers, et l'on y élève également des vers à soie.

La population est de 8,500 habitants.

Près de Menzel s'élevait jadis l'ancienne *Tacape*, autrefois colonie romaine, puis évêché, dont on retrouve du reste encore des traces aujourd'hui. Djarah est principalement le chef-lieu de toute cette partie de la Tunisie, qui porte le nom particulier d'Arad.

Ce village de Djarah est composé mi-partie de Kourouglis et mi-partie d'Arabes.

Les premiers portent le nom d'Ouled Nasseuf et fournissent généralement les chefs du pays; les derniers sont au contraire connus sous la dénomination de gens de Djarah. Ce village fait en outre partie du soff des Beni Zid.

Menzel, presque aussi important, est de plus un lieu de marché très-fréquenté.

Chenenni, habité par des gens serviteurs ou associés des Nefat, dépend par suite complétement de cette tribu, bien qu'ils relèvent toutefois directement de Gabès.

Viennent ensuite le long de la côte, mais non compris dans l'oasis de Gabès, le petit village de Menou, celui de Teboulbou, port de mer de la tribu des Hazem, du soff des Beni Zid; celui de Zerique El Barrania, Kettana, également aux Hazzem, et Zerat, petit port de mer du soff des Beni Zid, protégé par les Alaia leurs amis, qui campent auprès.

De cette dernière localité à Ras El Djerf, vis-à-vis de l'île de Djerbah, on ne trouve, à part quelques ruines insignifiantes, aucun lieu qui vaille réellement la peine d'être cité.

Vis-à-vis de Djerbah indiquons toutefois dans l'intérieur du détroit Si Salem bou Grara, l'ancienne *Gigthis*, autrefois municipe, puis évêché, détruite comme bien d'autres à l'époque de l'invasion arabe.

Plus à l'est, vers Tripoli, est le petit bourg de Zerziz *(Gergis)*. Son port est insignifiant, mais ses jardins sont assez bien entretenus et son territoire, très-fertile, produit une certaine quantité d'oliviers et de palmiers.

Auprès sont les petits hameaux d'El Mouença et d'Hamadi, ainsi que plusieurs ruines, tant à l'ouest qu'au sud, et dont les principales sont celles de Zian, à quelques kilomètres de Zerziz.

Enfin, plus à l'est encore, entre la mer et Bahiret El Biban, apparaît au sud de Zerziz, comme dernière habitation, le petit fort des Bibans, bâti sur une pointe rocheuse.

Tels sont les lieux principaux de la côte du pays de l'Arad.

A l'intérieur de cette province existent en outre plusieurs villes ou villages, tels que :

Maret, entre l'Oued bou Zerkin et l'Oued Medjessar, non loin de Zerat. Ce village, du soff des Beni Zid, est habité par des Amarna, et tout près se trouve Zaouiet Arrani, où sont enterrés les principaux de cette tribu.

Ksar El Medenin, sur la rive droite de l'Oued Semar, est le chef-lieu de la grande tribu des Ouerghama. Il s'y tient chaque semaine un important marché auquel viennent les gens de Sfax, de Gabès et même de Tripoli. Cette ville est jusqu'à un certain point fortifiée; ses maisons, qui sont très-élevées, comportent plusieurs étages, où l'on pénètre par l'extérieur.

Ksar Matmar, située à côté, lui est en tous points semblable. Ces villes sont toujours bâties, ainsi que quelques autres petits villages qui existent çà et là, au milieu des terres, de façon à pouvoir résister aux bandes armées; les Ouerghama, de plus, protégent même encore en bien des points, par de petites redoutes en pierres sèches, leurs récoltes et leurs pâturages.

Nous avons indiqué les principales localités de la plaine, mais les points les plus importants sont, à vrai dire, dans la montagne; nous allons les examiner maintenant.

Ce sont au nord, chez les Beni Zid, ceux de Taoudjoud, de la Calaa des Beni Aissa, de Matmata et de Techechine; leur construction, comme du reste celles des Ouerghama, est toute particulière.

Ces villes, en effet, ne sont point bâties; les maisons en sont toutes creusées dans le calcaire tendre et terreux qui existe dans la plus grande partie de ces montagnes.

Les rues se trouvent donc sur les toits, et la vie particulière de chacun est ainsi ouverte à tous les yeux.

Aucune de ces localités n'ayant d'eau courante, les habitants y suppléent en recueillant dans des citernes celle des pluies.

Puis viennent, dans le parti des Ouerghama, ceux des Beni Zaltan, Haddadj, Toujen (dans une position très-difficile), Ghoumrassen et Calaa chez les Ouderna), Cedra, Garmassa, Cheninni, puis Douirat, dont les habitants sont considérés comme nobles. Tous ces points portent le nom de Ksar, qui indique suffisamment le rôle qu'ils sont à certains moments appelés à jouer; ils sont du reste, en vue de semblables éventualités, bâtis dans des lieux de très-difficile accès.

Il est bon de faire remarquer toutefois que si ces montages des Ouerghama sont abruptes, escarpées et à passage difficile, elles n'ont, en revanche, que peu d'épaisseur, et, de certains points de leurs sommets, on peut tout à la fois contempler en même temps la Méditerranée et le désert.

Nous avons indiqué ici les principaux points de ces tribus éloignées; il en existe, il est vrai, beaucoup d'autres plus petits, mais ils n'ont en réalité aucune importance particulière.

§ II. DEUXIÈME ZÔNE (INTÉRIEUR).

Cette partie ne comprend qu'une seule ville importante, Kairouan, dont nous avons déjà parlé, et quelques autres localités que nous allons examiner en même temps que les bassins intérieurs dans lesquels elles existent.

En allant du sud au nord, nous citerons d'abord l'Oued Baiach qui, sorti du Djebel Goulib sous le nom d'Oued Bou Jahia, prend successivement, avant de pénétrer par Gafsa dans le bassin Djeridien, les noms d'Oued El Heugle et d'Oued Sidi Aïch.

Il coule entre deux chaînes de montagnes assez rapprochées, et l'on rencontre tout le long de son cours une grande quantité de ruines romaines, surtout au pied du Sidi Aïch.

Il n'arrose en réalité cependant qu'un seul point de quelque importance, Feriana.

Ce village Hassinia, composé d'un bourg et d'une zaouia qui s'élève auprès, comporte une population d'environ 600 habitants.

On y voit de très-beaux jardins couverts de palmiers et de grenadiers et produisant en outre des figues et des oranges, ainsi que toutes sortes de légumes. Ce pays est administré par un khelifa qui a sous ses ordres deux cheicks distincts. Les habitants, qui sont Rahmania, ont deux mokaddems pour leur enseigner les préceptes de l'ordre.

De vastes carrières existent dans les collines voisines.

Auprès de Feriana campent à quelque distance

les Ouled Slama; sur l'Oued Kiss, voisin de Feriana, est le petit village du même nom, auprès duquel s'élèvent, non loin d'anciennes carrières, d'importantes ruines dites de Medinet El Kedima, et que l'on croit vraisemblablement être l'ancienne *Thelepte* des Romains.

Vers l'est, entre Soussa et Kairouan, est le gros bourg de Msaken, considéré comme un lieu saint; 500 habitants, mosquées, zaouias, écoles. Il y existe en outre une medersa, célèbre dans toute la Régence.

Calaa Sghira, au nord de Msaken et non loin d'Hammam; 2,000 habitants, mosquées, zaouias et écoles.

Enfin, près de la sebkha El Haoi, le petit hameau de Kenaïs; 130 habitants.

Il convient encore de citer pour mémoire, en parlant de Kenaïs, les vastes et anciennes citernes d'El Ank qui sont à côté.

QUATRIÈME PARTIE

CHAPITRE PREMIER
DESCRIPTION GÉNÉRALE

La quatrième partie est comprise entre la chaîne du grand Atlas qui, du Dj Djebissa par Gafsa, ferme de ce côté jusque dans l'Arad la précédente contrée, et nos possessions algériennes à l'ouest et au sud.

Le seul cours d'eau qui mérite d'être cité est l'Oued Baiach qui, après s'être successivement appelé Oued Cheraia, Oued Gourbata et Oued Tarfaoui, va se perdre ensuite dans la sebkha El Korsan.

Les lacs sont ceux de la sebkha El Korsan, ainsi que la sebkha El Grara, puis le grand bassin Faraoun ou Chott El Djerid.

La contrée sablonneuse du Sahara tunisien qui de Gafsa à Bou Nab s'étend au nord, au nord-ouest et au sud de la sebkha Faraoun porte, à cause de la grande quantité de palmiers qu'elle renferme et des nombreux régimes de dattes qu'ils produisent, le nom particulier de Blad El Djerid.

Au point de vue administratif toutefois, on comprend également sous cette dénomination, étendue alors d'une façon plus générale, le pays de Nefzaoua, qui se trouve séparé par le Chott seulement du Djerid proprement dit, et les trois petits villages de Chebikat, Tameghza et Mides, situés plus au nord dans la montagne.

De belles et splendides oasis se dressent çà et là, émaillant de temps en temps la surface de cette contrée de leurs verdoyantes richesses; les habitants, travailleurs intelligents, y élèvent une grande quantité de palmiers qui forment, suivant leur importance, trois catégories distinctes dont la meilleure, et par suite la principale, est celle connue en Afrique sous le nom particulier de deglat.

Pour s'assurer de bonnes récoltes, ils prodiguent à leurs dattiers non-seulement l'eau dont ils peuvent disposer, mais encore tout l'engrais qu'ils arrivent à ramasser.

Entre les palmiers croissent dans les jardins des arbres fruitiers de toute sorte, particulièrement des orangers d'une qualité supérieure, et, au pied de tous ces arbres, s'étalent en outre de petits carrés parfaitement entretenus, renfermant les légumes nécessaires à leurs divers besoins.

Des sources nombreuses alimentent, du reste, par une grande quantité de saguias circulant en tous lieux, ces magnifiques jardins; ces eaux, toutefois, sont chaudes et d'une température moyenne d'environ 25 degrés centigrades. Celles de Gafsa atteignent même une élévation supérieure.

Les maisons du Djerid sont toutes construites en toub et recouvertes de bois de palmier; elles sont donc naturellement fort peu solides.

Indépendamment des villages que composent ces habitations, il existe aussi quelques constructions particulières dans les jardins, au milieu desquels vont parfois se réfugier les habitants à l'époque des grandes chaleurs.

La race de ce pays, malheureusement, est loin d'être belle, et elle est de plus fortement mélangée de sang noir ; elle est toutefois douce et bienveillante, d'un caractère généralement calme, tranquille et avenant.

Les femmes, à l'exception de quelques négresses assez jolies, sont généralement fort laides.

Les gens du Djerid sont comme partout ailleurs, indépendamment en outre de quelques petites rivalités locales, divisés, suivant les deux grands soffs de la Régence, en Bachia et en Hassinia, qui, dans cette partie de la Tunisie, sont également dénommés aussi Chedded pour Bachia et Youcef pour Hassinia.

A part toutefois le Nefzaoua, on ne constate à vrai dire dans ces contrées aucune scission ayant un caractère tant soit peu sérieux.

Tous les habitants de ce pays habitent dans les oasis.

L'administration en est confiée à Si M'Ahmmed El Mrabot, qui a sous ses ordres des khelifas dans les principales oasis, et dans les autres des cheicks relevant directement des premiers, qui seuls communiquent personnellement avec lui.

C'est ainsi que Gafsa, où réside assez souvent ce kaya, a un khelifa particulier, et El Guettar des cheicks dans chacun des villages qui composent ce pays et qui tous relèvent d'ailleurs du khelifa de Gafsa.

Tauzer et le pays de l'Oudien ont chacun un khelifa distinct.

Nefta et le Nefzaoua en ont deux.

Tameghza, avec les villages presque indépendants de Chebikat et Midès, ont également le leur.

Le Djerid avec le Nefzaoua réunis forment ainsi par leur ensemble un des vingt-quatre arrondissements administratifs de la Régence.

CHAPITRE II

§ 1ᵉʳ. OASIS DE GAFSA ET D'EL GUETTAR.

La première oasis que l'on rencontre en se dirigeant du nord au sud et en pénétrant par l'oued Baïach est donc celle de Gafsa.

Gafsa. — Elle est située sur un plateau dans la gorge même du fleuve qui a en ce lieu à peu près 8 kilomètres d'ouverture, entre le Dj Hatigue à l'ouest et le Dj Assalah à l'est. C'est l'ancienne *Capsa*, dont on retrouve du reste encore les ruines, ville jadis forte et célèbre où Jugurtha avait autrefois enfermé ses trésors.

Surprise et détruite à cette époque par Marius, elle ne tarda pas néanmoins, par suite de la grande fertilité de son territoire, à se relever bientôt de ses ruines, et elle devint plus tard, sous la domination romaine, non-seulement une ville libre et un évêché, mais même la résidence à certains moments du commandant militaire de la *Byzacène*.

À Ghar El Gellaba, dans les environs, on retrouve encore aujourd'hui l'ancienne carrière d'où sortirent jadis les matériaux avec lesquels la ville fut autrefois construite.

Gafsa peut actuellement renfermer une population de 3,400 âmes, y compris les petits villages voisins de Guessa, Sidi Mansour, Lala et Zaouiet Sidi Salah El Majouri. Son administration s'étend en outre sur les diverses oasis composant El Guettar, et qui peuvent de leur côté renfermer à peu près 5,000 habitants.

Elle occupe une superficie approximative de 160,000 mètres carrés et se trouve à près de 70 kilomètres d'El Hamma, à 80 de Tauzer et à 100 de Nefta.

Son territoire, d'une excessive fertilité, est couvert de palmiers, d'oliviers et de jardins où croissent des fruits de toutes sortes. On compte sur son territoire, c'est-à-dire à Gafsa et El Guettar (au pied du Dj Orbata), près de 200,000 palmiers et environ 150,000 oliviers.

Le terrain, au sud de Gafsa, est en outre généralement marécageux en hiver, à l'époque des pluies.

Cette ville, placée sous l'administration d'un khelifa particulier, comprend cinq quartiers différents, habités par diverses fractions.

Il y réside, depuis près de sept ans, quelques artilleurs, sous la direction spéciale d'un capitaine et d'un lieutenant.

Ces fractions, habitant chacune un quartier distinct, sont :

Les Beldia,

Les Jebbargou,

Les Mnariin,

Les Fouka El Ajriin,

Les Hanafia (Kourouglis).

Les gens de Gafsa suivent les pratiques des trois ordres religieux de Sidi Abderrahman, Sidi Tidjani et Sidi Abdelkader, ainsi que celles des Aissaouia.

Les Rahmauia reconnaissent pour cheick particulier Si Mohammed Salah ben Youcef, qui demeure au Kef; ils ont toutefois un mokaddem au milieu d'eux.

Les Aissaouia, qui ont également un mokaddem spécial, fréquentent une zaouia appelée Bnina et reconnaissent pour chef le fils de l'ancien grand marabout Sidi Mohammed Cherif, décédé à Tunis.

Les Quadria prient dans une zaouia dédiée au fondateur de l'ordre, et suivent les instructions de leur chef Sidi Sghir ben Chamkho.

Enfin, ceux qui observent les principes de Sidi Tidjani ont aussi un mokaddem dans le pays, mais reconnaissent pour chef suprême Si Mohammed El Aid.

On peut dire d'ailleurs d'une façon générale que les deux tiers des habitants du Djerid suivent l'ordre de Sidi Bou Ali, qui se rattache par bien des points à celui des Quadria, dont il paraît, du reste, n'être qu'une dérivation.

Villages voisins. — Les petits villages voisins sont ceux de Sidi Mansour, à 1,500 mètres à l'est, et de Guessa, distant de 4 kilomètres, dont les habitants suivent les pratiques religieuses des gens de Gafsa.

Le troisième village, celui de Lala, dans la même gorge, mais au pied du Dj Orbata, est à environ 7 kilomètres de la ville, dans la direction d'El Guettar. Il a un cheick particulier; ses habitants, qui sont tous Rahmania, ont le même mokaddem que les gens de Gafsa.

La ville de Gafsa se divise néanmoins en deux soffs, les Mnariin, les Fouka et les Hanafia, d'une part; les Beldia et les Jebbargou, de l'autre. Ces derniers sont les moins forts.

Quant aux trois villages précités, ils n'appartiennent à aucun parti et vivent en très-bonne intelligence avec les diverses fractions qui composent Gafsa.

Ils sont tous, du reste, Hassinia et Bachia mélangés.

Le commerce de Gafsa consiste principalement en huiles, savons, fabrication de beaux burnous et couvertures de laine très-estimées, généralement connues sous le nom particulier de fréchia et kaick bo-touil. Ces gens fréquentent en outre le marché de Tébessa, où ils apportent quelques meules arabes, de superbes fruits et une grande quantité de sel.

El Guettar. — Les oasis d'El Guettar, réunion de sept différents villages à l'est de Gafsa, au pied du Dj Orbata, renferment une population d'environ 5,000 âmes, de mêmes goûts et de semblables aptitudes que les gens de Gafsa, dont d'ailleurs ils relèvent. Ces villages sont :

A 12 kilomètres de Gafsa, Lortos, dont les habitants sont désignés sous l'appellation distincte d'El Guettaria.

Les Hammama, en grand nombre, viennent chaque automne camper aux environs, afin de recueillir à cette époque les nombreuses dattes qu'ils y possèdent.

Necchiou, à 6 kilomètres de là ; son cheick est sous la dépendance de celui des Lortos.

Les Ouled Bou Amran, même cheick encore qu'à Lortos, mais avec un khelifa distinct.

Ces trois villages sont du reste peu importants et d'une étendue très-restreinte.

On trouve ensuite :

Saket, petite ville à 11 kilomètres du dernier village, presque la moitié de Gafsa ; un khelifa et un cheick.

Les habitants portent le nom d'Ouled Bou Saad.

Aiacha, petite ville de même dimension que la précédente, dont elle est éloignée de 7 ou 8 kilomètres. Elle a le même khelifa et le même cheick que Saket ; elle a toutefois, au point de vue religieux, un mokaddem particulier.

Sa population est en outre fort énergique et très-redoutée par suite des Hammama, qui les respectent en conséquence.

A 15 kilomètres plus loin, le pays ou la ville de Sned, composé de deux parties différentes, forme ainsi deux petits villages distincts, à 1 kilomètre de distance l'un de l'autre, administrés chacun par un cheick spécial.

Le khelifa de Sned est encore le cheick de Loitos.

Les deux villages sont :

Celui de Sued proprement dit, et celui de Nasseria ; chacun d'eux a son mokaddem particulier.

Enfin, à 10 kilomètres de là, est le petit et dernier village de Mecch, autour duquel viennent à l'automne et au printemps camper les Ouled Aziz. Ses habitants ont une petite zaouia avec un mokaddem.

Tous ces gens sont du reste de l'ordre de Sidi Abderrahman, et, lorsqu'ils n'ont pas de mokaddem particulièrement désigné, c'est qu'ils ont accepté celui de Gafsa, Si Ahmed Sili.

A part les villes de Saket et Aiacha, qui sont Bachia, tous les autres villages ou pays sont Hassinia.

S'il existe à la vérité quelques petites rivalités entre ces différentes oasis, il n'y a pas néanmoins à proprement parler de soff dans ce pays.

Quant au commerce, il est absolument le même que celui de Gafsa.

La route qui de Gafsa, vers le sud, conduit à 70 kilomètres de là, à El Hamma, suit le cours de l'Oued Baiach qui, sous les noms successifs d'Oued Cheraia, Oued Gourbata et Oued Tarfaoui, coule entre deux chaînes de montagnes parallèles, pour aller se jeter ensuite dans la petite sebkha d'El Korsan. Ces montagnes sont : à l'ouest le Dj Teldje, et à l'est une série de collines irrégulières dont les principaux points sont : le Dj Atra, le Dj Satia, le Dj Stili et le Dj Tarfaoui.

A hauteur de la sebkha El Korsan, le Dj Teldje se redresse vers le nord-ouest et renferme dans ses flancs trois petits villages presque indépendants, mais relevant néanmoins de l'administrateur du Djerid, auquel ils payent directement l'impôt. Ce sont ceux de Chebika, Tameghza et Midès.

Nous allons, par suite de leur position particulière, les examiner tout d'abord.

§ II. CHEBIKAT, TAMEGHZA ET MIDÈS.

1° **Chebika**, à une quinzaine de kilomètres d'El Hamma, au pied de la montagne, a une population d'environ 400 habitants.

L'oasis renferme à peu près 8,000 palmiers et une certaine quantité d'arbres fruitiers de diverses sortes dans ses jardins, où l'on trouve également quelques oliviers.

Le village a deux cheicks.

Ses habitants sont mi-partie Rahmania, mi-partie Quadria, et prennent, suivant le cas, le chapelet de l'ordre chez Si El Hafnaoui, à Tameghza, ou chez Si Brahim ben Ahmed, à Nefta.

2° **Tameghza**, à 10 kilomètres environ de Chebikat, a une population de 900 âmes. Ce village, de même nature que le précédent et de constructions semblables, renferme dans ses jardins, avec des fruits de toutes sortes, près de 18,000 palmiers. Il est entouré par deux rivières et habité par trois différentes fractions :

Les Beni Karamat, de l'ordre religieux de Si Abderrahman, avec un mokaddem spécial ;

Les Ouled Mbarek, sous les ordres de deux

cheicks assez influents tous deux dans le pays. Ils sont Quadria et ont également leur mokaddem particulier ;

Les Abdel Melek. Ces derniers sont Quadria et ont le même mokaddem que les Ouled Mbarek.

3° Enfin, Midès, situé dans la montagne, à 10 kilomètres de là, renferme une petite population de 120 habitants environ. Ce village a également des palmiers, au nombre de 4,000 à peu près, des arbres fruitiers, des légumes et quelques oliviers dans ses jardins.

Ses habitants suivent l'ordre de Sidi Abderrahman.

Le khelifa de ces trois villages est Ahmed ben Messaoud. C'est un homme d'une grande famille et le plus important du pays avec le cheick Djaballah ben Saad, des Beni Karamat.

Comme personnages religieux très-influents dans ces contrées, il faut citer, dans l'ordre des Rahmania, le fils de Si Abdelafid, Si El Hafnaoui, demeurant à Tameghza, Algérien d'origine et homme de bien par excellence ; puis, dans l'ordre des Quadria, Si Brahim ben Ahmed, domicilié à Nefta, ennemi acharné des Français depuis qu'il en a reçu, du reste, une insulte personnelle.

Ce sont d'eux que les gens du pays reçoivent leurs instructions religieuses.

Ces trois villages, qui pourraient opposer, si on les attaquait, une force d'environ 400 fusils, vont d'ordinaire vendre pacifiquement dans les différentes villes du Djerid les burnous et haicks que leurs femmes fabriquent à la maison.

Reprenons maintenant la route directe de Gafsa à El Hamma qui en est, comme nous l'avons dit, distante d'environ 70 kilomètres. De Gafsa à cette oasis on ne trouve d'eau sur tout ce parcours qu'à Gourbata, à mi-distance à peu près, et encore faut-il pour s'en procurer creuser dans cette intention le lit du fleuve. Les caravanes et la colonne expéditionnaire du Djerid font par suite halte en ce lieu, très-redouté néanmoins à cause des vipères et des scorpions qu'on y trouve en grand nombre.

La source d'Aïn Achichina, que l'on rencontre ensuite au pied du Dj Deghroumens, ne renferme qu'une eau fort mauvaise et de plus dangereuse à boire.

A El Hamma, la vallée s'ouvre complétement, et l'on pénètre alors dans la première région des sables, qui s'étend entre le Chott Faraoun, la sebkha El Grara et la sebkha Semèche.

§ III. OASIS D'EL HAMMA ET DE TAUZER. — LES CHABBIA. — OASIS DE NEFTA.

El Hamma. — Cette oasis d'El Hamma est formée par la réunion de quatre différents villages sous la haute direction du khelifa Ben Youcef. Elle a une population d'environ 1,500 âmes.

Le principal de ces villages est celui de Nemelet; les trois autres sont ceux de Leurg, Oum Mahreb et Messella. Ils renferment un grand nombre d'oliviers et de palmiers, qu'arrosent largement six sources différentes.

Il existe en outre aux environs une source minérale, à laquelle les indigènes attribuent de grandes propriétés.

Les habitants, qui sont Quadria, ont un mokaddem à El Hamma, mais reçoivent l'ordre des mains du marabout de Nefta, Si Brahim ben Ahmed.

Tauzer. — Tauzer, au sud-ouest d'El Hamma, est l'ancienne *Thusuros* des Romains, jadis évêché.

Les débris de l'antique cité ont à peu près disparu, et il n'en reste guère de traces aujourd'hui qu'en un seul endroit, à Belidet El Adher. C'est la plus grande et la plus belle des oasis du Djerid, dont elle est du reste le chef-lieu. Elle renferme 350,000 palmiers que fertilise, par de nombreux canaux, l'Oued Berkouk, qui arrose ses magnifiques jardins. Elle se compose de dix fractions différentes, habitant chacune un village particulier, ce qui forme autant de quartiers distincts, représentant une force d'à peu près 4,000 fantassins et 40 cavaliers.

L'oasis n'a pas du reste de murs d'enceinte ; ses anciennes murailles d'autrefois sont depuis longtemps tombées.

Elle renferme actuellement près de 10,000 habitants et a une superficie d'environ 400,000 mètres carrés.

Les différentes fractions qui l'habitent, sous la domination d'un khelifa, sont :

1° Les Zebda, qui forment deux subdivisions ayant chacune son cheick particulier, l'un aux Ababilia et l'autre aux Zourba.

C'est de Zebda, ou de Tunis même, que sortent généralement les administrateurs du Djerid.

Ces gens sont Rahmania ou Quadria; ceux-ci ont un mokaddem à Tauzer.

Ils ont en outre une zaouia dédiée à Sidi Bou Ali, un des ancêtres des habitants de Tauzer.

2° Les Guetna, pour la plupart Quadria, les autres Rahmania. Les premiers seuls ont une zaouia; elle est dédiée à Sidi Bou Baker.

3° Les Ouled El Hadef, fraction jadis très-influente, mais qui aujourd'hui a beaucoup perdu de son prestige; un cheick. Ils ne suivent aucun ordre religieux particulier.

4° Les Djemaa.

5° Les Tebabsa.

Ces deux fractions ont chacune leur cheick. Les Tebabsa, qui sont Rahmania, ont en outre un mokaddem de l'ordre.

6° Les Massrouna.

Cette fraction appartient à l'ordre des Quadria, représenté par un mokaddem qui demeure au milieu d'eux.

Sous le rapport administratif, ils ont également un cheick pour les commander.

7° Les Khatba. Ils suivent l'ordre de Sidi Tidjani; Si Sliman Ben Kaddour, muphti de Tauzer, remplit à peu près vis-à-vis d'eux les fonctions de mokaddem de cet ordre.

8° Les Chorfa, de l'ordre des Quadria.

9° Les Dioul et les Abbes; deux cheicks. Ils sont Quadria et ont un mokaddem de l'ordre parmi eux.

10° Les Ouled Sidi Douib, de la tribu des Ouled Sidi Abid; un cheick et une zaouia, dédiée à Si Ahmed, dont le fils, Si Mimoun, est aujourd'hui mokaddem.

Les gens de Tauzer se divisent en deux soffs :

Les Guetna, Djemaa, Ouled El Hadef, Tebabsa, Chorfa, Douib, Khotba et Massrouna, d'une part; les Zebda, Dioul et les Abbes, de l'autre.

De plus, les Guetna, Djemaa, Ouled El Hadef, Tebabsa, Chorfa et Douib sont Hassinia, les autres Bachia, ce qui fait qu'à certains moments les Khotba et Massrouna font cause commune avec ces derniers.

Au point de vue commercial, les gens de Tauzer ont la spécialité de burnous en laine très-renommés.

Les Chabbia. — A 2 kilomètres de cette oasis sont les Chabbia, race d'individus mendiants, qui passent leur temps à courir, enseignant aux enfants la lecture et l'écriture, ou vendant aux autres indigènes des amulettes destinées à guérir les malades.

Ils ont deux cheicks et une zaouia, dite de Sidi Ammar, de l'ordre des Quadria.

Ils ne font qu'un même soff avec les Guetna de Tauzer.

Nefta. — A une vingtaine de kilomètres à l'ouest de Tauzer est Nefta, l'*Aggarsel Nepte* des anciens, autrefois évêché, jadis construite sur les bords de la Sebkha; les débris en sont aujourd'hui recouverts par des monticules de sable, et la nouvelle ville s'est élevée un peu plus loin sur des collines sablonneuses se touchant les unes les autres et situées à droite et à gauche de la rivière qui arrose l'oasis.

Celle-ci peut aujourd'hui renfermer une population d'environ 8,000 âmes, réparties dans quatre villages différents, mais contigus, qui ne forment ainsi qu'une seule et même cité.

Nefta, un peu moins étendue que Tauzer, renferme aussi une moins grande quantité de palmiers; elle a toutefois une muraille percée de deux vieilles portes fort anciennes.

On y compte environ 3,000 fantassins et le même nombre à peu près de cavaliers qu'à Tauzer.

Elle a deux khelifas.

Les diverses fractions sont :

1° Sous le commandement du premier khelifa :

1° Les Alkma; on y trouve une zaouïa, dédiée à Sidi Ben Ali, et un mokaddem.

2° Les Zebda.

Ils sont Rahmania et ont une zaouïa au milieu de la ville.

3° Les Mahda.

Ce quartier possède trois zaouïas de l'ordre de Si Bou Ali et dites : l'une de Sidi Brahim, l'autre de Sidi Ahmed Mihad, la troisième de Sidi Salem ben Ali. Il n'existe néanmoins qu'un seul mokaddem.

4° Les Touatiin et Mgueddemin, qui sont Rahmania, mais n'ont point de zaouïa. Il n'existe chez eux que la qobba d'un ancien marabout, jadis décédé.

5° Les Msaba, également Rahmania, ont pour directeur de leur zaouïa Si Tarzi.

Chacune de ces fractions est administrée par un cheick particulier.

2° Sous le commandement du deuxième khelifa :

6° Les Brahmia.

Ils sont Rahmania et ont un mokaddem spécial.

7° Les Ouled Aissa, Quadria, avec un mokaddem pour leur zaouia.

8° Les Ouled Bou Zid, Quadria. Ils ont une zaouia dédiée à Si Brahim ben Ahmed.

9° Les Ouled M'Ahmmed, Quadria, suivant les préceptes de Si Brahim.

Ces deux dernières fractions, les Ouled Bou Zid et les Ouled M'Ahmmed, sont d'ordinaire connues sous la dénomination particulière d'Ouled Smaïl, qui, réunis d'autre part aux Brahmia et aux Ouled Aissa, constituent une seule et même famille, sous le nom générique de Chorfa.

10° Les Beni Ali.

Ceux-ci sont Rahmania; ils ont une zaouia, dite de Si Mustapha ben Azzouz, et un mokaddem spécial.

11° Les Ouled Cherif.

Rahmania également, un mokaddem.

12° Les Beni Zid.

13° La zaouia de Sidi Ahmed ben El Hadj.

Les habitants de ce quartier, qui sont Rahmania, ont une zaouia dite de Si Mohammed ben Amor, dont ce notable indigène est lui-même le mokaddem.

14° Les Massrouna, de l'ordre de Si Abdelkader, avec un mokaddem particulier.

Chacune des fractions que nous venons d'énumérer est placée, ainsi que les précédentes, sous l'administration d'un cheick distinct.

Enfin, il convient de citer encore la petite zaouia des Ouled Si El Hamadi, du parti des Chorfa.

Il n'y a aucun soff ou division réelle entre les habitants de Nefta, dont les différents quartiers vivent généralement, au contraire, en parfaite intelligence les uns avec les autres.

Ils sont cependant mi-partie Hassinia et mi-partie Bachia.

CHAPITRE III

L'OUDIEN

A l'est des précédentes oasis et au nord de cette même sebkha Faraoun, s'étendent encore quelques autres centres de population, dont la réunion forme ce que l'on est convenu d'appeler le pays de l'Oudien. On y voit près de 6,000 habitants, environ 200,000 palmiers et 75,000 oliviers, dont l'huile est réputée la meilleure de la Régence.

Ce pays, qui relève également de l'administrateur du Djerid, est sous la surveillance particulière d'un khelifa distinct, résidant d'ordinaire à Deguèche.

On compte dans l'Oudien près de 2,000 fantassins et environ 80 cavaliers.

Deguèche, le lieu le plus important, est une petite ville arrosée par une rivière et habitée par quatre différentes fractions, à la tête de chacune desquelles est un cheick investi. Ces fractions sont :

1° Les Ouled Amid.

Ils sont Rahmania et ont un mokaddem spécial, mais prennent toutefois le chapelet auprès de Si El Hafnaoui.

2° Les Msatra. Rahmania comme les précédents, ils reçoivent en partie l'ordre des mains de Si Ahmed ben Amara, jeune marabout, demeurant près de Guelma (Algérie), qui se rend tous les ans dans ce pays pour y remplir ses fonctions.

Les autres prennent le chapelet chez Si El Hafnaoui. Ils se trouvent donc, par suite, avoir deux mokaddems.

3° Les Ouled Bou Rouiss, de l'ordre des Quadria ; ils reçoivent le chapelet des mains de Si Brahim.

4° Enfin, les Ouled Khaled, du même ordre religieux que les Msatra.

Après Deguèche viennent successivement cinq autres oasis, qui sont :

1° Zaouiet El Arab, petit village divisé en deux parties distinctes, sous le commandement d'un seul cheick. Les habitants sont Rahmania et ont le même mokaddem que les Msatra de Deguèche.

2° Le hameau de Zergan, un cheick.

Les Zerganiens sont également Rahmania, mais reconnaissent pour grands chefs les descendants actuels de Si Abdelafid.

3° Le village des Ouled Majed, bâti sur un monticule; il est dominé par une haute tour carrée, et administré par un cheick particulier. Les Ouled Majed, qui sont aussi Rahmania, reconnaissent également pour grands chefs les descendants de Si Abde l; ils ont néanmoins un mokaddem de l'ordre au milieu d'eux.

4° Kriz ou Taguious. Ce centre, d'une certaine importance, est administré par cinq cheicks, dont l'un d'eux remplit, vis-à-vis des autres, les fonctions de khelifa.

Ce pays est l'emplacement de l'antique *Thiges*, jadis ville libre, puis évèché, dont les ruines se retrouvent encore dans les jardins aux environs de Kriz et dont le nom de Taguious, du reste, rappelle actuellement jusqu'à un certain point l'ancienne localité romaine.

On y compte aujourd'hui, comme habitants, un certain nombre de Hammama.

Les gens de Kriz, de l'ordre des Rahmania, sont du soff fondé en ce pays par Si Abdelafid.

5° **Cededa.** Entre ce mauvais village, qu'arrose toutefois une très-bonne source, et l'oasis de Kriz se trouve le Dj Breian, où l'on remarque d'antiques carrières et une caverne tout à la fois naturelle et artificielle, connue des Arabes sous le nom particulier de caverne des Sept Dormants.

L'ancienne nécropole de *Thiges* est en outre au pied de cette montagne.

Cededa a le même cheick que le village des Ouled Majed, dont il est du reste tout près; ses habitants sont Rahmania et reconnaissent comme les Majed les descendants de Si Abdelafid pour chefs de l'ordre; ils ont par suite le même mokaddem qu'eux.

Ce pays de l'Oudien, bien qu'il n'y existe pas de très-grandes rivalités, se divise néanmoins en deux soffs particuliers : Deguèche, les Ouled Majed et Zaouiet El Arab, d'une part; Kriz, Zergan et Cededa, de l'autre.

Nous allons maintenant, traversant la sebkha, pénétrer plus à l'est dans le pays du Nefzaoua.

CHAPITRE IV

LE NEFZAOUA

Le Nefzaoua est séparé de la précédente contrée par la sebkha Faraoun, ou Chott El Djerid, qui représente l'ancien lac *Triton* de l'antiquité, lequel se subdivisait, comme on sait, en trois différentes parties, recevant chacune une dénomination distincte et s'appelant *Libya* à l'ouest, *Pallas* au centre et *Tritonitis* à l'est.

Il a environ 130 kilomètres de long, sur une largeur variable.

Une chaussée bordée çà et là, à droite et à gauche, de bornes en pieux ou en pierres, conduit de Cededa à Debabcha, à travers cette vaste surface de sel cristallisé que l'eau des pluies recouvre parfois en hiver dans toute son étendue.

Au milieu, à mi-distance entre Cededa et Debabcha, se trouve une pierre plus élevée que les autres, et qui tire son nom de la position même qu'elle occupe entre les deux pays; on l'appelle en effet Hadjar En Nouss.

Au point de vue du sol, le Nefzaoua présente le même aspect que les pays précédemment parcourus; toutefois la plupart des villages que l'on y rencontre sont souvent environnés d'un mur, entouré lui-même d'un fossé.

Cette contrée renferme près de 300,000 palmiers et quelques oliviers.

On y trouve une population d'environ 18,000 âmes, parmi lesquelles on compte à peu près 6,000 fantassins et 150 cavaliers.

Il y existait jadis un nombre considérable de villes et de villages; il n'en reste guère aujourd'hui qu'une quarantaine.

Ce pays est borné au nord et à l'ouest par le Chott même, au sud par l'immensité saharienne, et à l'est par les Beni Zid qui s'étendent jusqu'auprès de Bazmin, le village le plus oriental du Nefzaoua, dont les sépare à peu de distance l'Oued Melah.

Les habitants sont administrés par deux khelifas demeurant, l'un à Guebeli, l'autre à Telmin, et réunissant sous leurs autorités, le premier les villages du soff Bachia, et le second les Hassinia.

Ils relèvent néanmoins tous les deux de l'administrateur du Djerid.

§ 1er. CHEDDED (BACHIA).

Le soff Bachia ou Chedded comprend les localités suivantes :

1° Guebeli. Cette ville, dont les habitants sont originaires de Tripoli, était fort importante il y a quelques années, mais elle a beaucoup perdu depuis sa dernière insurrection contre le bey, qui l'a en partie détruite. Elle s'est toutefois relevée, grâce à l'excellente fertilité de son sol, dont cinq sources différentes arrosent les magnifiques jardins.

Deux cheicks administrent la ville sous la haute direction d'un khelifa.

Les habitants sont Sellamia, c'est-à-dire qu'ils suivent les préceptes tracés par Si Abdesselem, marabout mort et enterré à Tunis, dont les pratiques, du reste, se rapprochent beaucoup de celles des Assaouia.

2° Sabria, village dont les habitants portent le nom de Gherib Sabria; un cheick.

Ces gens sont Rahmania, mais n'ont ni mokaddem particulier, ni zaouia spéciale : ils reçoivent l'ordre des mains de Si El Makki ben Mustapha Ben Azzouz.

3° Rahmat, village; un cheick.

Ces indigènes sont Quadria et ont un cheick et un mokaddem de l'ordre.

4° Le village de Bou Abdallah, un cheick.

Les habitants sont Sellamia, mais ils n'ont ni mokaddem, ni zaouia.

5° Galaa, village; un cheick. Ces indigènes sont Rahmania et suivent les ordres religieux de Si El Makki.

6° Blidet, village; un cheick. Les habitants sont Quadria et ont un mokaddem particulier.

7° Zersin, village; un cheick et un mokaddem de l'ordre des Quadria.

8° Le village d'El Baroutia, un cheick. Les gens de ce pays sont Quadria, mais n'ont ni mokaddem, ni zaouia.

9° Mansourah, village; un cheick.

Les habitants sont Quadria et ont un mokaddem de l'ordre au milieu d'eux.

10° Rabta, village; un cheick.

Les gens de Rabta suivent l'ordre de Sidi Abdelkader; ils ont un mokaddem particulier, mais point de zaouia.

11° Tembib, un cheick, plus un mokaddem de l'ordre des Quadria.

12° Toumbar, village; un cheick de l'ordre des Rahmania du soff d'El Makki; ni zaouia, ni mokaddem particulier.

Ces deux oasis sont situées dans un terrain marécageux.

13° Village de Dziret si Ahmed El Ouaichi; un cheick et un mokaddem de l'ordre des Quadria.

14° Zaouia d'El Menchia, arrosée par une source abondante qui sort d'un ravin voisin; un cheick. Les habitants sont Quadria et ont parmi eux un mokaddem de l'ordre.

§ II. YOUCEF (HASSINIA).

Le soff Hassinia ou Ouaten Youcef comprend de son côté :

1° Telmin; cette ville, bâtie auprès d'un grand étang toujours plein d'eau, et renfermant en outre dans ses murs une source abondante, est gouvernée par un khelifa, sous les ordres duquel deux cheicks particuliers administrent l'oasis.

Les habitants de Telmin, comme ceux de Guebeli, sont Sellamia ; ils ont un mokaddem particulier du nom de Brahim ben Amor.

2° Touiba, village ; un cheick. Les habitants (Rahmania) reçoivent leurs instructions religieuses de Si El Makki ben Mustapha.

Ce village est à une certaine distance au nord-est de Sabria.

3° Aouinet Oum Henda (zaouia), occupée par des Mrazigue, à près de 2 lieues de Sabia ; un cheick.

Les gens de cette zaouia sont Rahmania et suivent les préceptes du fils de Si Mustapha ben Azzouz.

4° Sanem, village d'une quinzaine de maisons, dont les habitants prennent le nom d'Adara. Cette localité se trouve à 3 kilomètres de la zaouia d'Oum Henda ; un cheick.

Les Adara sont Rahmania du soff de Si El Makki, mais n'ont aucune zaouia ni mokaddem particulier.

5° Rlisia, village d'environ quinze maisons, également habité comme le précédent, dont il est distant d'environ 1,500 mètres, par des Adara ; un cheick.

Ce village appartient à l'ordre de Sidi Abderrahman, sous la haute direction de Si El Makki. On n'y trouve toutefois, vu son peu d'importance, ni zaouïa, ni mokaddem.

6° Aouinet El Majoub, ville, à 3 kilomètres du précédent village.

Ce pays est habité par des Mrazigue, descendants du marabout El Majoub, lesquels, par honneur pour leur noble ascendant, n'ont jusqu'à ce jour payé aucun impôt; un cheick.

Ces Mrazigue sont Rahmania et observent les instructions qui leur viennent de Si El Makki. Ils suivent toutefois les préceptes particuliers de leur ancêtre le marabout El Majoub, en l'honneur duquel une zaouïa a été construite en ce lieu.

7° Douz, ville; ce pays a la même origine à peu près que la précédente localité.

Douz a en effet été bâti par un grand marabout, le père même de Si Majoub; aussi ses descendants ne payent-ils pas davantage l'impôt. Il est à 1,500 mètres d'Aouinet; un cheick.

Bien qu'il n'y ait aucun mokaddem particulier, il existe néanmoins une zaouïa spéciale en l'honneur du fondateur de Douz.

8° El Galaa, village habité par les Arab El Galaa et situé à 3 kilomètres de Douz ; un cheick.

Les habitants sont Rahmania du soff Si El Makki.

9° Joumena, village, à 8 kilomètres du précédant ; un cheick.

Les habitants de Joumena, qui portent le nom de Jemniin, sont Quadria et ont un mokaddem particulier, ainsi qu'une zaouia.

10° Bazmin, village, à 3 kilomètres de Rahmat ; un cheick.

Les gens de Bazmin sont Quadria, mais n'ont ni mokaddem ni zaouia.

11° Kabi. Ce village, dont les habitants prennent le nom d'Ahel El Kabi, se trouve à 1,500 mètres de Guebeli ; il ne renferme du reste qu'une quinzaine de maisons ; un cheick.

Ces indigènes, qui sont Sellamia, suivent les instructions du grand marabout de Tunis ; mais ils ont néanmoins un mokaddem particulier.

12° Jdida, village, à 500 mètres de Mansourah ; un cheick.

Les gens de Jdida, qui sont Quadria, ont chez eux un mokaddem de l'ordre.

13° Le village de Nagga, à 230 mètres du village Bachia de Galaa.

Ce lieu est habité par les Ouled Yacoub de M'Ahmmed ben Bou Allègue, le seul qui ait autorité parmi eux. Ils sont tous en effet maraudeurs et pillards, et n'appartiennent ainsi à aucun ordre religieux quelconque.

14° Oum es Semah, à 4 kilomètres et demi du précédent village; un cheick.

Les habitants sont Rahmania et ont un mokaddem qui leur transmet les ordres de leur chef religieux Si El Makki.

15° Zaouiet El Hart, à 1,500 mètres du précédent; un cheick.

Ces Arabes sont Sellamia et ont un mokaddem dans la zaouia.

16° Zaouiet El Aness, habité par des Ouled Yacoub, à 1,500 mètres du précédent; un cheick, le seul personnage, du reste, ayant quelque autorité sur ces maraudeurs, gens de mauvaise vie et mœurs, qui disparaissent avec soin chaque année au moment de l'arrivée de la colonne du bey.

17° Le village de Becheri, à 1,500 mètres du précédent; un cheick.

Ces indigènes sont Quadria, et, bien que n'ayant aucune zaouia, ils ont néanmoins un mokaddem spécial.

18° Le village de Fatnassa, encore habité par des Ouled Yacoub, ayant le même genre de vie que ceux de Zaouiet El Aness.

Ils n'appartiennent non plus à aucun ordre religieux, mais reconnaissent toutefois, jusqu'à un certain point, l'autorité du cheick qui les administre.

19° Debabcha, village habité par des gens du marabout El Majoub, et situé à 1,500 mètres du précédent; un cheick.

Ils sont Rahmania, ont une zaouia dédiée à Si El Majoub, et un mokaddem habitant le pays.

20° Le village de Kilouamen, habité par les Ouled Yacoub, à 1,500 mètres du village Bachia d'El Baroutia; un cheick.

Maraudeurs et pillards comme les autres Ouled Yacoub, ils n'appartiennent, ainsi qu'eux, à aucun ordre religieux quelconque.

Les gens de plusieurs de ces villes ou villages, Aouinet El Majoub, Douz, Oum Es Semah, Rlisia, Joumena, Aouinet Oum Henda, Sabria, Touiba, Fatnassa et Kilouamen, émigrent périodiquement vert l'est à certaines époques de l'année, par raison de pâturages.

CINQUIÈME PARTIE

RENSEIGNEMENTS DIVERS

§ 1ᵉʳ. AGRICULTURE, INDUSTRIE, COMMERCE.

Au point de vue agricole, la Tunisie, peu cultivée il est vrai, n'en possède pas moins encore de nos jours cette magnifique fertilité qui en avait jadis fait la réputation. Le blé, l'orge, le maïs, le millet poussent en tous lieux, et cependant la récolte que l'on en retire ne suffit que tout juste, faute de labours convenablement étendus, aux besoins des habitants.

Indépendamment des céréales, le pays produit naturellement tous les légumes et entretient en outre tous les arbres fruitiers que l'on rencontre en Algérie. On y cultive même encore dans certaines proportions le tabac dans le nord et la vallée de la Medjerdah; le lin, le chanvre, l'indigo et le safran dans le Sahel; le henné et la garance du côté de Gabès. L'olivier, très-répandu en Tunisie, y est en outre l'objet de soins particuliers, et sa culture une des plus soignées de la Régence, bien que ces arbres ne soient cependant généralement point greffés.

Le pays fournit également tout le sel nécessaire à sa consommation. Cette substance est d'ordinaire extraite de nombreuses sebkha, dont plusieurs sont du reste affermées dans ce but.

Enfin, sous le rapport minéral, il convient de citer encore certaines ressources qui, si elles étaient exploitées, donneraient certainement de très-heureux résultats.

Telles sont, avec de magnifiques forêts, les principales productions du sol.

Terminons en disant que si, au point de vue des montures du pays, les ânes en Tunisie sont généralement très-beaux, la race chevaline et mulassière est, en revanche, fort ordinaire; les chameaux, il est vrai, sont magnifiques et si bien dressés même qu'ils sont parfois employés aux travaux des labours.

Quant aux troupeaux, la race ovine, peu remarquable du reste, n'offre guère d'autre cachet particulier que cette grosse queue qui distingue les moutons de l'est de l'Algérie. Ils sont généralement d'ailleurs de qualité fort médiocre; les chèvres valent mieux, mais les bœufs, abondants, il est vrai, dans la vallée de la Medjerdah, ainsi que du côté de Mater et Bizerte, sont, d'autre part, d'une maigreur désespérante et de détestable qualité. Tous ces animaux sont de plus en petit nombre dans le pays, et l'exportation du bétail et des chevaux se trouve par suite sévèrement prohibée.

L'industrie est aujourd'hui bien faible en Tunisie et, pour ainsi dire, à peu près nulle. Nous citerons cependant comme productions spéciales les tissus renommés du Djerid et les belles étoffes de l'île Djerbah; les cotonnades de Sfax, les draps de Tebourba, les fez de Tunis, les babouches et objets de sellerie fabriqués en cuir jaune à Kairouan, les tapis de cette ville et ceux de la capitale de la Régence; les fréchia de Gafsa, l'huile de Teboursouk, celle récoltée dans le sud au pays de l'Oudien, et, plus à l'est, dans Djerbah; les savons de Soussa, expédiés ensuite de ce port à Marseille ou à Livourne, et les éponges pêchées, ainsi que les poulpes, à Karkennah, Sfax et Djerbah; enfin, la poterie fine de Nabel, les meules arabes de Ferriana, et les grandes jarres à huile de l'île Djerbah.

Comme importation, la Tunisie tire principalement de France et d'Angleterre ce dont elle a généralement besoin (denrées coloniales, tissus, poudre, fusils); elle exporte en revanche fort peu, de nombreux marchés établis dans la Régence lui permettant, en effet, d'y écouler facilement ses divers produits.

§ II. ROUTES, TÉLÉGRAPHES, POSTES, DOUANES, FORCES MILITAIRES ET RELIGIONS.

Aucune route de Tunisie n'est réellement travaillée, mais elles sont parfois assez heureusement tracées pour pouvoir être parcourues par des voitures légères et habilement chargées, qui vont ainsi de Tunis au Kef, à Gafsa, Ferriana, Nefta, Tauzer, à Kairouan et à Sfax. Ces routes relient entre elles les principales villes de la Régence, qu'elles mettent en outre en communication avec les pays voisins, l'Algérie et le beylick de Tripoli.

La Tunisie est du reste complétement ouverte de ce côté, et, au point de vue militaire, une armée pénétrant chez elle par les Bibans ne rencontrerait pour ainsi dire sur son chemin aucun obstacle sérieux, naturel ou artificiel.

Du côté de l'Algérie, si la partie nord de la Régence présente, il est vrai, de grandes difficultés matérielles par la nature même de son sol couvert de montagnes et de forêts, la vallée de la Medjerdah et celle de l'O Fekka, les deux véritables lignes stratégiques d'invasion, sont en revanche, la première surtout, d'un assez facile accès. La ville forte du Kef, le seul obstacle existant dans le premier de ces deux bassins, de nos frontières à Tunis, peut en effet être très-facilement tournée.

Indépendamment de ces voies naturelles de communication, Tunis est de plus relié à l'Algérie par une ligne télégraphique passant par le Kef et Souk Arrhas, et avec l'Europe, depuis 1865, par le câble sous-marin de Bizerte à Marsala (Sicile). Il existe en outre un autre embranchement de Tunis à Soussa et à Sfax.

Quant aux établissements de postes, concernant la transmission ou distribution des lettres, il n'existe de bureau réellement établi et régulièrement fonctionnant qu'à la Goulette et à Tunis.

La douane, excepté sur les vins, les liqueurs et les alcools, imposés de 10 p. 100, perçoit un droit général de 8 p. 100 sur tout objet importé dans la Régence. Quant au sel et aux tabacs, le gouvernement s'en est exclusivement réservé l'entier monopole.

Les matières exportées sont également imposées ; toutefois la sortie des bœufs, chevaux, mulets et ânes est, comme nous l'avons dit, sévèrement interdite, par suite du décroissement notable qui s'est produit parmi eux depuis quelques années.

Ajoutons que quant à nos frontières africaines, tous les produits originaires de la Régence entrent à quelques rares exceptions près en franchise en Algérie.

Les forces militaires du pays, qui, il y a quelques années à peine, se montaient encore à près de 40,000 hommes (réguliers et irréguliers compris), ont été, pour cause d'économie, bien réduites depuis. L'armée régulière a surtout été atteinte dans ces réformes, et, des 23,000 ou 24,000 hommes qu'elle comptait autrefois, elle ne conserve guère plus aujourd'hui que la seule garde du bey, soit 3,000 hommes présents au maximum. Soussa, Kairouan et Sfax en ont seules quelques petits détachements ; les autres villes n'ont que des volontaires.

Les camps qui existaient autrefois ont été également supprimés pour le même motif; l'armée irrégulière, vu le peu de frais qu'elle occasionne, a été néanmoins maintenue.

Les kourouglis, spahis et zouaves qui la composent, au nombre d'environ 12,000 hommes, font en effet payer leur entretien et leur équipement aux Arabes, sur lesquels ils perçoivent la khedma (prix du travail) lorsqu'ils sont détachés dans les douars avec une mission quelconque. Le gouvernement ne leur allouant par mois qu'une solde insignifiante, la dépense qui en résulte pour l'État est donc peu importante, et ils peuvent ainsi être facilement conservés sans nullement grever le budget de la guerre.

En principe, l'armée régulière comporte : l'infanterie, la cavalerie, l'artillerie, qui fait en même temps le service du génie; la marine et la garde municipale.

Le recrutement de cette armée est bien irrégulier ; aucune limite n'étant du reste assignée comme temps de service, les hommes restent sous les drapeaux jusqu'à ce que l'âge, les maladies ou les blessures les rendent complétement impotents ; ils sont alors renvoyés avec une légère retraite.

Quand, par suite de libérations nombreuses, les rangs trop éclaircis ont par suite besoin d'être remplis, un farik, parcourant d'après un tour déterminé les environs de Tunis, se rend à Mater, Baja, Dakhelet el Mahouin et même jusque dans le Sahel, d'où il ramène, à l'aide de listes dressées d'avance et dont le gouvernement use alternativement pour ses levées successives, les hommes qui lui paraissent propres au service. En sont toutefois exceptés les fils uniques ou ceux qui ont déjà un frère sous les drapeaux. L'appelé peut d'ailleurs se faire remplacer moyennant une certaine somme d'argent, tout en demeurant malgré cela responsable de son remplaçant, si parfois celui-ci venait à déserter. Arrivés à Tunis, les hommes y sont, suivant leurs aptitudes, répartis, par une commission instituée à cet effet, dans telle ou telle catégorie qui paraît la plus convenable.

L'avancement n'est pas soumis à une règle bien

fixe, et, quoique l'on suive assez généralement la filière, aucune durée particulière n'est cependant assignée pour l'obtention d'un grade supérieur. Les mameluks, par exemple, qui sont des enfants de bonne famille, plus spécialement élevés par les soins du bey et préparés dès leur jeune âge au service, entrent tout de suite dans l'armée avec un grade d'officier, qui varie à ce moment suivant le plus ou moins de qualités dont ils paraissent alors doués.

Les grades de l'armée régulière sont, après l'askri ou simple soldat :

A pied
- Oumbachi ;
- Balouk anim ;
- Chaouch ;
- Bach chaouch ;
- Soulak klasi ;
- Sendjakdar ;
- Melazem.

A cheval
- Sak klasi ;
- Bim bachi ;
- Ala imin ;
- Kaama ikam ;
- Emir ali ;
- Lioua ;
- Farik.

Comme solde, les officiers touchent tout à la fois des vivres et des appointements; les soldats ne reçoivent que les vivres, qui leur sont fournis quand ils sont en caserne seulement, une partie de l'armée demeurant en effet dans ses foyers pendant que l'autre, qui sera du reste remplacée à son tour au bout d'un certain temps, fait à ce moment le service actif.

Au point de vue de la discipline, les punitions employées contre les soldats tunisiens sont analogues à celles actuellement en usage chez nous; ils ont toutefois la bastonnade en plus.

Ces troupes sont munies de l'ancien armement.

Dans l'armée irrégulière les grades sont :

Pour les kourouglis :

A pied
- Ioldach (soldat);
- Bach ioldach;
- Oudabachi.

A cheval
- Bou kbech ;
- Aghat keursi.

Pour les zouaves (zouaoua) :

A pied
- Askri (soldat);
- Oudabachi.

A cheval   Bou kbech.

Enfin, pour les spahis (cavaliers) :

Sbahi (soldat) ;

Amba ;

Chaouch ;

Oudabachi ;

Kayat el oudjak.

Ceux-ci sont spécialement attachés au service des neuf oudjaks de Ghar el Melah.

Bizerto.

Mater.

Baja.

Le Kef.

Kairouan.

Le Djerid.

L'Arad.

Soussa.

Quant aux bachamba, ce sont des officiers plus particulièrement attachés à la justice du bey et destinés à lui communiquer, après en avoir auparavant pris connaissance, les plaintes qui lui sont portées.

Ils sont au nombre de huit : trois pour les Arabes, deux pour les kourouglis et trois pour les soldats.

De son côté, la marine comprend à peu près un

millier d'hommes répartis sur trois ou quatre bâtiments, du reste peu importants.

Enfin, au point de vue de l'ordre intérieur, il convient en outre de citer pour mémoire et comme relevant du ministère de la guerre, une garde municipale de 800 à 900 hommes.

A ces forces il faut joindre en outre, sous le rapport de la défense du pays, celles que chaque tribu pourrait de plus mettre sur pied et qui, quoique moins maniables et moins disciplinées qu'une armée régulière, n'en créeraient pas moins, sagement conduites et habilement dirigées, de sérieux obstacles à l'envahisseur.

La religion du pays est celle prêchée jadis par Mahomed et qui, en Tunisie comme chez nous, comprend également deux sectes différentes : les maléki (gens originaires du pays) et les Hanefi (Turcs, kourouglis, étrangers).

Comme chez nous encore, les deux langues parlées sont tout à la fois l'arabe et le berbère ou chaouia.

Bien que les mosquées et les écoles soient très-nombreuses dans toute la Régence, l'instruction cependant y est fort élémentaire.

Les cultes étrangers sont également représentés

en Tunisie; bien des villes du littoral ont, en effet, des églises catholiques, relevant de l'évêque de Tunis, et desservies par des pères capucins. Les Grecs en ont aussi une, et les israélites possèdent également plusieurs synagogues. Enfin, il existe encore à Tunis, Soussa et Sfax quatre établissements tenus par les sœurs de Saint-Joseph de l'Apparition.

§ III. SYSTÈME MONÉTAIRE, POIDS ET MESURES.

La Tunisie possède des monnaies de cuivre, d'argent et d'or, mais elle n'émet actuellement aucun billet de banque, bien qu'elle en ait cependant fabriqué jadis quelques-uns.

Ces monnaies sont :

CUIVRE.

Le fels (1/7 de sou).
Le nasseri, 2 fels.
Le crarouba, 6 fels.
Le bou tmen ou craroubtin, 12 fels.
L'arba rial (1/4 de piastre), 26 fels.

ARGENT.

Le noussrial, 6 sous 1/2.

Le rial (piastre ou rial bouchachour), 13 sous.
Le rialin, 1 fr. 30 c.
Le bou tleta, 1 fr. 95 c.
Le bou arba, 2 fr. 60 c.
Le bou khemsa, 3 fr. 25 c.

OR.

Le bou khemsa, 3 fr. 25 c.
Le bou achera, 6 fr. 50 c.
Le bou khemsa ou acherin, 16 fr. 25 c.
Le bou khemsin, 32 fr. 50 c.
Le bou miat, 65 fr.

Sous le rapport des poids et mesures, on emploie pour l'estimation des terres la mechia, valeur d'environ 10 hectares; le drah (un peu plus du demi-mètre) pour l'évaluation des tissus, soieries et draps; enfin, le métal de 16 saas comme mesure de capacité pour les huiles, et la ouibe de 12 saas pour les céréales.

Ces diverses mesures sont loin d'être les mêmes dans toute l'étendue de la Régence et varient, suivant certaines localités, en bien des points; elles sont toutefois parfaitement connues des habitants, et les différentes proportions qu'elles obligent ainsi à établir entre elles, exactement déterminées dans toute la Tunisie.

Le mille géographique est l'ancien mille romain.

§ IV. ADMINISTRATION, IMPÔTS.

L'administration du pays est, sous la haute direction du bey, confiée à des caïds ayant sous leurs ordres des khelifa et des cheicks en nombre variable, suivant leur importance.

Ces caïds sont les chefs du district : ils poursuivent, eux et leurs agents, les crimes et délits, jugent ceux-ci et soumettent ceux-là au tribunal du bey.

Le cadi n'examine ainsi que les cas intéressant la religion ou ceux relatifs aux accusations d'adultère.

Quant aux peines infligées par l'une ou l'autre de ces juridictions, elles consistent, suivant la nature ou la gravité de la faute, dans la bastonnade, l'amende, la prison, les travaux forcés ou la mort.

Les impôts sont la medjeba ou capitation, l'achour (impôt de la charrue), le quanoun (impôt sur les oliviers et les palmiers), enfin la lezmat (comprenant toutes les fermes adjugées aux enchères).

Trois colonnes sortant chaque année de Tunis assurent la rentrée de ces contributions dans les tribus éloignées. Ces colonnes vont : l'une au Djerid en hiver, l'autre à Gabès au printemps, et la dernière parcourt pendant l'automne le pays de Baja.

Medjeba. — Tout individu mâle y est soumis depuis l'âge de quinze ans, sauf toutefois nos Algériens réfugiés en Tunisie, parmi lesquels le chef de tente est seul imposé.

La somme à payer, qui était jadis de 36 piastres (setta ou tletin), s'éleva successivement sous le dernier khaznadar (Si Mustapha) jusqu'à 72. Il en résulta un vif mécontentement, qu'en 1864 Ben Ghdaoun exploita habilement. Mais l'insurrection fut, comme on le sait, vaincue, et d'énormes amendes imposées aux révoltés.

Divers fléaux ayant ensuite ravagé le pays, la medjeba ne put être rétablie qu'en 1868, époque où elle fut définitivement fixée par un amar-bey à :

27 piastres pour 1869 à 1870.

33 piastres pour 1870 à 1871.
40 — 1871 à 1872.
47 1/4 — 1872 à 1873

et les années suivantes.

Les chefs indigènes sont dans cet impôt autorisés à prélever une piastre sur chaque capitation.

L'achour. — Cet impôt, perçu à raison de deux mesures et demie de blé et de deux mesures et demie d'orge par charrue, est payé soit en nature, soit en argent, suivant le désir du bey. Toutefois, lorsqu'il est acquitté en grains, l'agriculteur doit les transporter à ses risques et périls jusqu'à Tunis, ou tout au moins en payer les frais de transport.

Les laboureurs de toute nationalité sont soumis à cet impôt, qui dans la province du Kef s'élève à près de 39 fr. par charrue.

Le quanoun est un droit prélevé par le gouvernement sur les palmiers et les oliviers. Il a remplacé l'ancienne dîme que payaient jadis les propriétaires de ces arbres, et il constitue ainsi aujourd'hui un impôt fixe.

L'État perçoit de 15 à 30 centimes par pied d'olivier selon le rapport ou l'espèce, et les dattiers acquittent un droit d'une piastre et 2 craroubes, à l'exception de l'espèce dite degla, qui paye 2 piastres et demie.

Lezmat. — Ce titre comprend l'ensemble des fermes, plus communément encore appelées appaltes, qui chaque année s'adjugent à l'encan. Ces fermes sont nombreuses ; je citerai d'abord parmi elles, comme la plus importante de toutes, celle de Mahsoutal dont l'adjudicataire ou l'appalteur perçoit sur la vente du gros et du menu bétail, sur le miel, le beurre, les dattes, les objets de sparterie, les cendres, la paille, l'herbe, le goudron, les caroubes, toutes les petites graines désignées dans le pays sous le nom de zerara, le henné, les piments, limons, citrons, oranges, les ustensiles de cuivre et bois de construction, les objets d'or et d'argent, les ventes immobilières, celles après décès, les locations et les animaux conduits à l'abattoir, une craroube par piastre, soit 6 fr. 25 c. p. 100.

Sur les pois, les fèves, la cire, l'appalteur prélève 2 craroubes par piastre, c'est-à-dire le 1/8 de la valeur. Le prix ainsi payé constitue ce que l'on est convenu d'appeler l'impôt Rbâ.

L'impôt Meks, qui fait également partie de la ferme du Mahsoufal, est prélevé par ce même adjudicataire de la manière suivante : sur l'huile vendue dans l'intérieur de la ville, une piastre par mesure, et aux portes 2 piastres et quart sur toute charge sortant des murs ; sur le bois de chauffage et le charbon de bois, 2 craroubes par charge ; sur les légumes, 4 craroubes par piastre ; tout cela, bien entendu, indépendamment de la quotaia, prélèvement en nature fait par l'adjudicataire.

Celui-ci perçoit encore sur les fruits (excepté ceux indiqués plus haut) une piastre par charge, plus 2 livres comme quotaia, et sur les savons 3 piastres par quintal.

Après cette ferme, la principale de toutes, j'indiquerai celle connue sous le nom de Lezma dar Djeld, et administrée à Tunis par un fonctionnaire appelé Caid Sekkin.

L'adjudicataire de cette ferme perçoit une craroube par piastre sur la valeur des peaux sortant de l'abattoir, et une craroube par piastre sur la laine en toison, quand la quantité vendue est inférieure à dix : dans le cas contraire, il prélève une toison sur dix.

Il perçoit encore une craroube par piastre sur la vente de la laine en débris, et vend en outre le droit de tannage.

Dans cette ferme rentrent quelques-unes des sous-fermes suivantes :

Sous-ferme des Merkadji (gargotiers).

Sous-ferme des Faoual (marchands de fèves).

Sous-ferme des Hallaoua (marchands de bonbons).

Sous-ferme des Glibat (graines de melons, pastèques, etc.).

Sous-ferme du maïs perlé.

Sous-ferme des Zarour (azerole).

Sous-ferme des Sgougou (graine de pin).

Restent les fermes des musiciens, du tabac et des poids publics (Mouezzin).

Quelques denrées sont de plus soumises à l'obligation d'acquitter en outre de l'impôt Rbâ ou Meks, compris dans la ferme de Mahsoutal, un droit de 2 piastres par quantités fixées.

Ce sont les dattes, le miel, le beurre, le savon, le henné et la laine en débris.

Signalons enfin, pour terminer, quelques fermes

locales : la ferme des éponges et celle des poulpes à Sfax, puis la ferme du lac de Bizerte qui ne rapporte pas moins de 100,000 fr. par an.

§ V. AGENCES CONSULAIRES.

Les différentes puissances ayant des représentants en Tunisie sont, dans les villes dont les noms suivent, les États ci-dessous indiqués en regard.

Bizerte Mahadia Monestir	France. Italie. Angleterre. Amérique. Hollande. Espagne.
La Goulette	France. Belgique. Angleterre. Danemark. Pays-Bas. Italie. Espagne. Autriche. Prusse. Monaco.

Soussa	France.
	Pays-Bas.
	Angleterre.
	Italie.
	Amérique.
	Monaco.
	Espagne.
	Autriche.
Sfax	France.
	Italie.
	Angleterre.
	Prusse.
	Hollande.
	Espagne.
	Autriche.
Gabès	
Le Kef	France.

TABLE DES MATIÈRES

	Pages.
Préface	3
Aperçu historique	11
Limites de la Régence (côtes et frontières)	25

PREMIÈRE PARTIE.

Chapitre Ier. Description générale		37
— II. Tribus		39
	Hezil	39
	Makna	40
	Mogod	40
	Nefza	40
	Khomir	40
— III. Villes		42
	Bizerte	42
	Mater	44
	Village de Tebent	45

DEUXIÈME PARTIE.

Chapitre Ier. Description générale		47
— II. Tribus		51
	§ Ier. Ouennifa et Ouarlan	51
	§ II. Plaines de Rekba	63
	§ III. Plaines de Dakhela et bassin de la Medjerdah	68

		Pages.
Chapitre II.	§ iv. Vallées des O Khaled, Siliana et Miliana............	71
	§ v. Administration de ces différentes tribus.	76
—	III. Villes diverses et points principaux, bassins de la Medjerdah et de l'O Miliana....	79
	§ 1er. Villes diverses et points principaux. .	79
	§ ii. Cours de l'O Medjerdah.........	88
	§ iii. Cours de l'O Miliana..........	103

TROISIÈME PARTIE.

Chapitre 1er.	Description générale............	107
	§ 1er. Montagnes et nature du pays....	107
	§ ii. Fleuves et rivières...........	110
—	II. Tribus.................	127
	§ 1er. Tribus avoisinant l'O Fekka (Fréchiche, Mejers, Zlaas et Hammama). .	128
	§ ii. Tribus relevant de Soussa (O Said et Souassi)...............	146
	§ iii. Tribus relevant de Sfax (Mthalith) . .	149
	§ iv. Tribus relevant de Gabès (Nefat, Mahadeba, Beni Zid et Ouerghama). . .	152
—	III. Villes.................	162
	§ 1er. Première zone (littoral)........	162
	§ ii. Deuxième zone (intérieur).......	199

QUATRIÈME PARTIE.

Chapitre 1er.	Description générale............	203
—	II. Le Djerid................	208
	§ 1er. Oasis de Gafsa et d'El Guettar.....	208
	§ ii. Villages de Chebikat, Tameghza et Midès................	216
	§ iii. Oasis d'El Hamma et de Tauzer, les Chabbia, oasis de Nefta.......	219

TABLE DES MATIÈRES. 265

Pages.

Chapitre III. L'Oudien.. 227
— IV. Le Nefzaoua. 231
§ 1er. Chedded (Bachia) 233
§ II. Youcef (Hassinia). 235

CINQUIÈME PARTIE.

Renseignements divers. 241
§ 1er. Agriculture, industrie, commerce. . . 241
§ II. Routes, télégraphes, postes, douanes,
    forces militaires et religions. . . . 244
§ III. Système monétaire, poids et mesures. 253
§ IV. Administration, impôts. 255
§ V. Agences consulaires. 261

ERRATA

L'auteur, étant en Algérie, n'a pu, comme il l'aurait désiré, surveiller l'impression de son livre. Quelques fautes ont été commises, surtout dans l'orthographe des noms propres. Nous allons les signaler.

Page 16, ligne 10, au lieu de Mohamned *lisez* Mohammed
— 19, — 4, au lieu de Manley Hassan *lisez* Mouley Hassan
— 19, — 22, au lieu de Mohamned *lisez* Mohammed
— 21, — 13, au lieu de Mohamned *lisez* Mohammed
— 51, — 17, au lieu de O Bou Ghanem *lisez* O Bou Ghanem
— 53, — 16, au lieu de O Bou Ghanem *lisez* O Bou Ghanem
— 57, — 6, au lieu de O Bou Ghanem *lisez* O Bou Ghanem
— 93, — 15, au lieu de Port *lisez* Pont
— 98, — 14, au lieu de Si el Mazouni *lisez* Si el Mizouni
— 108, — 22, au lieu de Mahouin *lisez* Mahouin
— 121, — 1re, au lieu de le Djirid *lisez* le Djerid
— 132, — 12, au lieu de Ouled Jdir *lisez* Ouled Idir
— 133, — 1re, au lieu de Ouled Jdir *lisez* Ouled Idir
— 133, — 8, au lieu d'Hassina *lisez* Hassinia
— 133, — 13, mettre une , entre Kairouan et El Hala
— 134, — 1re, au lieu de Ahmed-ben-Jouaf *lisez* Ahmed ben Youcef

Page 140, ligne 12, au lieu du Kairouan *lisez* de Kairouan
— 135, 137, 138, 141, 142, 143, 145, 147, 171, 172, 173, 177, supprimez les - mis par erreur entre les différents mots composant les noms propres.

Page 200, ligne 3, au lieu de Bou Jahia *lisez* Bou Yahia
— 213, — 11, au lieu de des Lortos *lisez* de Lortos

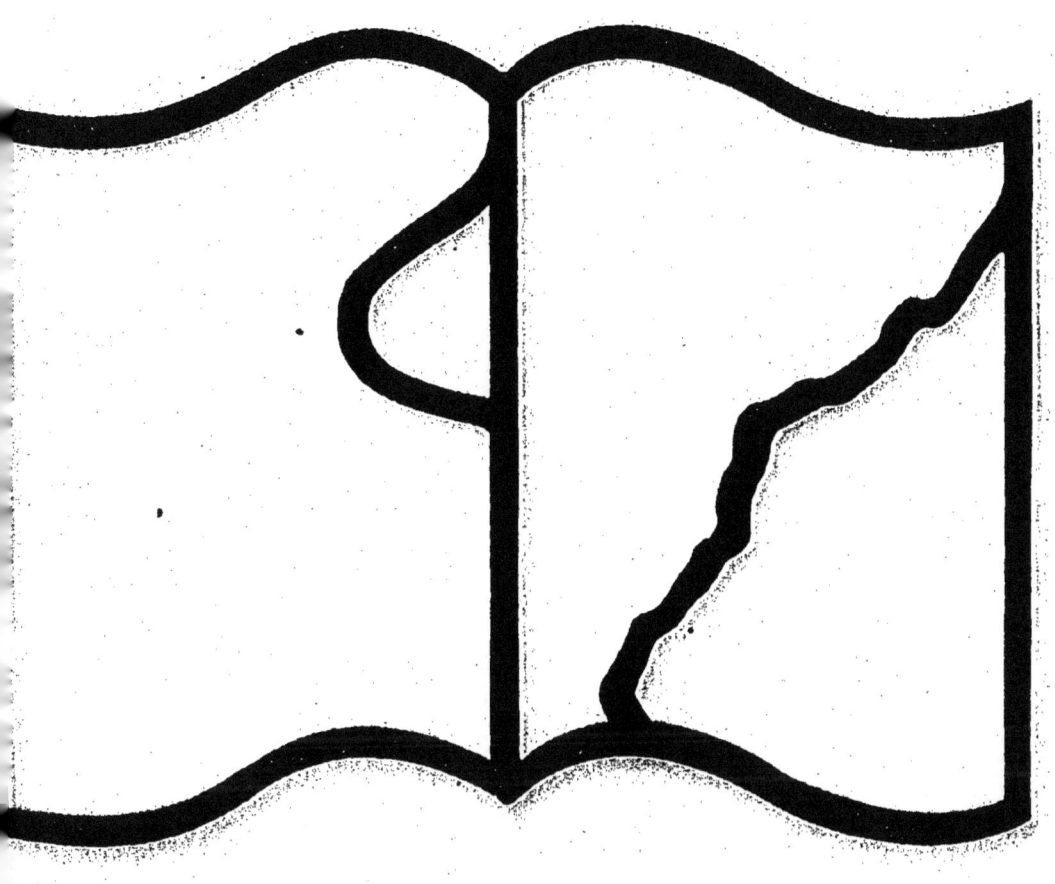

Texte détérioré — reliure défectueuse
NF Z 43-120-11

www.ingramcontent.com/pod-product-compliance
Lightning Source LLC
Chambersburg PA
CBHW050328170426
43200CB00009BA/1511